聪明生活经济学

开启赚钱和省钱的幸福生活

何青绫 著

民主与建设出版社
·北京·

懂点经济学

生活不踩坑

目录

普通投资者的避坑指南
PART 1

国家为何储备黄金 _2

黄金值得投资吗 _6

去金店买黄金会更划算吗 _9

炒卢布到底靠谱不 _12

有钱人是怎么控制风险的 _16

商票的风险高吗 _20

为什么很多人喜欢收藏老酒 _24

分期买块名贵手表值得吗 _28

要不要跟风买双球鞋 _32

央行调整利率有没有规律呢 _36

什么叫场外期权 _39

为什么好多地方都在卖月饼票 _43

经济学里的蝴蝶效应
PART 2

假如房子滞销，房租是暴涨还是暴跌 _48

不少工厂搬往东南亚，对我们有多大影响 _51

当年美国房价大跌，对我们造成了哪些影响 _56

当年日本的房价是怎么跌下来的 _60

美国的私人银行为什么要听美联储的 _64

他国加息，对我们会产生多大影响 _68

美联储加息，对中国的房地产市场有什么影响 _71

泰国和越南抬高米价，会带来什么影响 _74

为什么美国宁愿倒牛奶，也不愿打折卖 _78

出国留学，回来更好找工作吗 _84

公司的干股和期权选哪个比较好 _88

如何看待金融行业热潮 _91

为什么很多公司不许员工私下谈论工资 _95

为什么不干活的人总比干活的人活得滋润 _98

为什么越来越多的公司不鼓励员工加班了_101

如何面对公司裁员 _104

职场人要懂的经济学思维
PART 3

商业模式里的经济学原理

PART 4

供应链 ABS 是什么 _108

公司欠款总额超过了注册资金，该怎么办 _111

开家奶茶店，是选择高定价还是选择低定价 _115

为什么房地产开发商喜欢开物业公司 _119

为什么好多房地产开发商动不动就欠几万亿元 _123

为什么德国的工业很强 _126

奶茶大杯、中杯、小杯的价格差异 _130

为什么企业喜欢造新能源车 _133

房子滞销时，房地产开发商为啥不降价 _136

房产避坑指南

PART 5

以房养老靠谱吗 _140

可以替别人担保买房子吗 _143

假如房子不值钱了,银行会要求提前还款吗 _146

买期房,是全款好还是贷款好 _150

降准了,要不要赶紧买房 _153

居住权合同和租房合同是不是差不多 _156

老家的宅基地,是卖还是留 _158

买车位需要注意什么 _161

什么是保障性住房 _164

什么是租金回报率 _167

跳单是什么意思 _170

老家房价破万了,值不值得买 _172

提前还清房贷,更划算吗 _175

为什么说二手房的水很深 _178

低楼层老房和高楼层新公寓哪个好 _181

经济不好,是不是多印钱就行了 _184

父母留下来的房子，亲戚也能分到吗 _188

为什么古代的银号，有时候取不出来钱 _190

存款利率开始倒挂了，是什么意思 _192

房产证上加了你的名字，真的就放心了吗 _195

中国动漫行业路在何方 _197

去美容院减肥靠谱吗 _200

数字人民币和 SWIFT 是什么关系 _203

为什么介绍相亲的时候，总喜欢提门当户对 _206

为什么家里烧的菜要比饭店里的好吃呢 _209

为什么景区要搞本地人半价的活动 _212

银行有没有权力挪用储户存款 _215

"一万换九千"，其中不会有什么猫腻吧 _218

怎么说服老公给你买个包 _221

不开空调了，怎么感觉电费反而多了 _224

日常生活里的经济学

你需要了解的经济学常识 PART 7

北京证券交易所 _228

逼空是什么意思 _230

拨备覆盖率是高好还是低好 _234

什么是戴维斯效应 _237

等额本息和等本等息的区别 _240

什么是丁蟹效应 _244

什么是多头对敲 _247

反稀释条款的玄机 _250

借壳上市是什么意思 _253

流押是什么意思 _256

为什么要缩表 _259

警惕投资中的塔西佗陷阱 _262

外汇降准意味着什么 _265

以贷转存是什么行为 _268

什么是远期合约 _271

债权人信托的作用 _274

滞胀现象产生的原因 _276

PPP 到底是什么 _279

参考资料 _282

不要把鸡蛋放在一个篮子里。把资产投放在不同的投资理财产品上，是一种可以有效降低风险的方式。

PART 1
普通投资者的避坑指南

国家为何储备黄金

黄金作为一种贵金属，是很多国家长期持有的金融资产。虽然很多人知道这一点，但鲜有人思考为什么国家资产储备的对象是黄金而不是其他金属。其实，这和历史沿革有关。

1. 以英镑为中心的金本位制

《世界金融史》一书曾提到，从 19 世纪初开始，西方资本主义国家陆续开始采用以黄金为主要货币的金币本位制，使用黄金铸币来进行各种交易。其中，最早实行金币本位制的国家是英国，早在 1717 年，英国铸币局局长，著名物理学家艾萨克·牛顿就将每盎司黄金的价格固定在 3 英镑 17 先令 10.5 便士。1816 年，英国通过了《金本位制度法案》，从法律的维度承认了黄金作为货币的本位。

在金币本位制下，国家以自身持有的一定数量的黄金为原料，铸造主要货币，同时也会发行能够在本国自由兑换金币或等量黄金的辅币、纸币、银行券等。因为辅币、纸币和银行券本身是没有价值的,而且只能在本国兑换,所以在进行国际交易时,国家之间往往会使用金币进行结算(如图1-1所示),而汇率则由各自货币的含金量之比——金平价来决定。

图1-1 金币本位制的概念

当时,号称"日不落帝国"的英国在世界经济体系中占据优势地位,所以在国际贸易中,英国国内使用的纸币——英镑成为国际最主要的清算手段,黄金与英镑也同时成为各国公认的国际储备[①]。

金币本位制从某种程度上消除了汇率波动的不确定性,有利于世界贸易的进行。但是,一方面,金属铸币由于其本身的特性,在实际结算的时候依然非常不便;另一方面,黄金开采量的增加无法与经济发展的速度保持一致。此外,在第一次世界大战前夕,英、法等国家为了在战备竞赛中取胜,

---

① 国际储备,又称"国际储备资产",指一国官方所持的可用于国际支付,并能维持本国货币汇价的货币资产。

在纽约发行了大量外国公债，同时在国内大量发行纸币，导致黄金外流，通货膨胀严重，破坏了纸币自由兑换黄金的制度。因此，在"一战"爆发之后，以英镑为中心、以黄金为基础的国际金币本位制已经名存实亡。

"一战"结束之后，几个大的资本主义国家的发展重新回到正轨，但正如《世界经济史》中描述的，"一战"后世界经济中心已经从伦敦转移到纽约。黄金的大量外流，导致金币本位制存在的物质和信任基础已经崩溃，于是英、法各国只好采用了不完整的金本位制，也就是金块本位制[①]，为纸币兑换黄金增加了附加条件，不再允许自由兑换。

2. 以美元为中心的金本位制

金块本位制也没有存续太久，原因在于，第二次世界大战，以及1929~1933年世界性经济大危机，导致黄金外流更加严重，西方各国纷纷放弃了本就残缺的金块本位制，实行了信用货币[②]制度。

[①] 金块本位制，又称"生金本位制"，指银行券只能有限制地兑换成金块的金本位制，是一种残缺不全的金本位制。其特点是由国家储存金块，作为储备；流通中各种货币与黄金的兑换关系受到限制，不再实行自由兑换，但在需要时，可按规定的限制数量以纸币向本国中央银行兑换金块。

[②] 信用货币，是指由国家法律规定、强制流通、不以任何贵金属为基础的独立发挥货币职能的货币。

而借助在两次世界大战期间的军备输出,美国崛起成为世界第一强国,拥有了世界上最多的黄金储量,开始实行金汇兑本位制。美国国内不流通金币,但允许其他国家政府以美元向其兑换黄金,而美元也自然成了当时其他国家除了黄金之外的主要储备资产之一。

但之后,在20世纪60年代至70年代初期,美元危机频发,美元的国际信用不断动摇。美国经济学家理查德·邓肯在《美元危机》一书中就曾提到,美国经常性的财政赤字和经济的严重衰退,导致美元崩溃,引发了全球性的经济下滑。最终,1971年8月,美国政府宣布停止美元兑换黄金,金本位制彻底退出历史舞台。

纵观金本位制发展的始末,不难发现,每当新的国际货币秩序建立,黄金总会成为定海神针。所以,即便金本位制已经被放弃,但各个国家仍保留下了储存黄金的习惯。美元衰弱以后,谁是下一个国际货币中心尚无定论,但不出意外的话,黄金依然会继续发挥尺子的作用。

黄金值得投资吗

如果你有一笔钱,不想存在银行坐等贬值,也不想购买房子等不动产,换成黄金是不错的选择。但是,如果你想投资黄金,靠短期买卖来获取收益,那大可不必。毕竟,黄金的第一作用是避险,而非投资。

1. 黄金具备稳定的物理属性和化学属性

在我们已知的118种元素当中,黄金的物理属性和化学属性较为稳定(如图1-2所示)。金(Au)不像钠(Na),遇水就会燃烧爆炸;也不像镓(Ga),熔点极低(熔点29.76℃),放在掌心里都会熔化。金更没有放射性和毒性。金在室温下为固体,密度高、柔软、光亮,具有抗腐蚀性,不易氧化,便于携带,而且能够长期保存,不会因为通货膨胀而贬值。

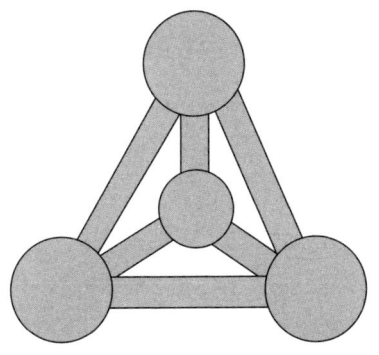

图 1-2 金的元素结构示意

2. 黄金的保值属性

除了化学属性和物理属性,黄金的稳定性还体现在自身的价值上。根据世界黄金协会①发布的数据,与银(Ag)(2020年世界供给量978.1万吨)和铜(Cu)(2020年全球原生铜产量2058万吨)相比,可以被开采的黄金储量更低(2020年世界黄金产量仅3359吨)。而且,黄金不能被人工合成,注定了其稀缺性。

同时,黄金在历史上曾经充当货币本位的角色,虽然金本位不再延续,但黄金硬通货的地位已然奠定。现在,黄金不仅具备货币价值,还具备商品价值,比如在芯片和集成电

---

① 世界黄金协会,成立于1987年,由世界各地主要的黄金开采公司成立及资助,旨在刺激和提高消费者、投资者、业界和政府对黄金的需求和持有量。

路里就常常会用到黄金。黄金稀缺且用途广泛，从长期来看，其价值可以保持相对稳定。

3. 黄金价格波动剧烈

虽然黄金的物理属性和化学属性稳定，价值也相对稳定，但其短期内的价格波动却相对剧烈。黄金与市场上大部分资产具有负相关性，所以很多时候，黄金的走势和美元的走势是相反的。

比如，2023年3月，由于美国硅谷银行爆雷，引发金融市场恐慌，美元指数显著下降，黄金价格应声上涨，而后美国政府采取一系列救助措施，美元指数企稳，黄金价格便下降，黄金价格与美元指数数年来一直如此反复。

而且从现在来看，美联储的加息依然没有结束，而欧洲和俄罗斯的反击肯定也不会结束。两边拔河的结果，就是黄金的价格将进入一个波动异常剧烈的时期。

黄金自身属性稳定、用途广泛，但价格频繁波动。综合考量，黄金是一种适合在跑路的时候使用的避险工具，而非投资的对象。面对波诡云谲的市场，即便是实力雄厚的银行，都不敢贸然行事。而作为普通的民众，能够支配的资金体量更是有限，在暴涨暴跌的黄金价格面前，更显无力。

去金店买黄金会更划算吗

想要投资黄金，首先要知道，金店的黄金价格和国际金价是两回事。从投资的角度来看，到金店购买黄金并不划算，因为相对于国际金价，金店的价格要高出 10%~20%，有时甚至高出 30%。

比如，2022 年 12 月 10 日，伦敦交易所现货黄金的价格是 1797.1 美元 / 盎司，换算之后相当于 441.1 元 / 克，而上海黄金交易所黄金 9999 的价格是 405.8 元 / 克。但是当日某品牌金店的黄金价格是 527.0 元 / 克左右，高出上海黄金交易所的金价近 120 元。这时候有人就会问了：为什么金店的价格会高出这么多呢？

1. 金店综合成本高

除了黄金本身的价格，金店的金价还包含很多其他费用，比如设计师设计费用、工人加工费用、仓库存储费用和门店运营费用等。相比之下，线上交易平台上的黄金，除了本身的价格，只添加了少量的手续费（如表1-1所示）。

表1-1 金店与交易所所需费用对比

	人工费		门店运营费					手续费
	设计费	加工费	仓储费	税费	店租	日常运营费	其他（如水电费等）	
金店	√	√	√	√	√	√	√	×
交易所	×	×	×	×	×	×	×	√

有时候，即便是实体店之间，金价也存在不小差异。比如，知名品牌会比非知名品牌的价格高出很多，因为这些品牌的各项运营成本相对更高，尤其是高价聘请的知名设计师的费用也包含在其中。

2. 部分金店加价情况严重

市场上，有些黄金品牌是加盟制，一个商家可以加盟多个品牌。有时候，一条街道上不同品牌的金店，可能是同一个老板在经营。有时候，金店虽然不同，但出售的黄金饰品的款式却一模一样，因为都是一个老板从黄金市场批发购买的。在这种情况下，黄金的质量没有保证不说，黄金的价格在经过多次转手后也会层层被拉高。

3. 部分金店价格跟涨不跟跌

还有一种情况，国际金价若上涨，国内金店会紧随其后上涨，但是国际金价若下跌，国内金店未必会同步下调金价。因为有些金店会担心，如果下调价格，当国际金价出现大幅反弹时，便会亏损，因此跟涨不跟跌也是金店黄金价格高的一个因素。

所以，如果看好黄金，真正的职业玩家一般不去线下金店购买，而是通过黄金期货[①]、ETF[②]或者与有色金属相关的其他金融类账户来实时操作，即通过低买高卖赚差价。

当然，如果投资经验较少，你也可以找一家规模大一些的银行，咨询它们的黄金积存业务[③]，购买金条或金砖，银行的价格往往只比国际金价高出十几元。而且，如果想要卖出，银行大概率也只会根据交易金额收取一定比例的手续费。相比起来，与在金店购买相比，损失明显会小很多。

我国黄金需求旺盛，截至 2022 年 8 月，我国黄金需求量连续 9 年保持全球第一。每年我国都有大批黄金购买者，或收藏，或投资，在此过程中要注意方法，不要盲目操作。

---

① 黄金期货（gold futures），也称"黄金期货合约"，是指以黄金为交易对象的期货合同。同一般的期货合约一样，黄金期货合约也载有交易单位、质量等级、期限、最后到期日、报价方式、交割方法、价格变动的最小幅度、每日价格变动的限度等内容。

② ETF，即 Exchange Traded Fund（交易所交易基金），也称"交易型开放式指数基金"，是一种在交易所上市交易、基金份额可变的开放式基金。

③ 黄金积存业务，指商业银行客户在商业银行开立黄金积存账户，按商业银行标的黄金产品的固定重量或固定金额进行积存，商业银行根据客户的申请每月自动在其账户上扣除相应款项。

炒卢布到底靠谱不

卢布是俄罗斯法定货币，2021年人民币兑卢布的汇率基本是在11.5左右[①]，即1元人民币可以兑换11.5卢布。卢布的汇率偶尔有波动，但通常幅度不会太大。

一般来说，当卢布的汇率相对稳定时，操作卢布外汇的风险相对较低。但是，当遇到突发事件时，卢布的汇率便会发生较大波动，如果操作得当便会有很大收益。

比如，2022年2月24日，受突发事件影响，卢布连续下跌，2月28日大跌21.26%，3月7日大跌21.15%，人民币兑卢布汇率一度突破20.0。10万元人民币能兑换200万卢布，而这笔钱可以在俄罗斯一些偏远的地方买一套不错的房子。

2022年3月23日，俄罗斯宣布只能用卢布购买本国天然气，这个举动捏住了欧洲的脉门，欧洲各国不得不买入卢

[①] 数据来源：新浪财经网。

布，卢布又悄悄地涨回很多。2022年4月末，1元人民币大概能兑换13卢布（汇率实时变化）。此时，如果将200万卢布再兑换回人民币，可以拿回15.38万元人民币，一个月的时间可以赚约5万元。

表面上看，一个月时间10万元变成15.38万元，利润超过了50%，这在投资市场上称得上是非常高的收益了。因此，很多人觉得操作卢布外汇是一种非常好的投资方式。但事实绝非如此。高回收必然伴随着高风险，操作外币本身就存在很大风险，尤其是当货币所在国处于动荡不安的情况时。

所以，对于普通投资者来说，炒卢布不是明智之选。

1. 杠杆风险

总有一些比较贪心的人，会通过某些渠道给外汇炒作游戏加上杠杆[①]。比如，交易1手CNY/RUB（人民币兑卢布）需要10万美元，如果使用100倍杠杆，那么，交易1手就只需1 000美元。

举个例子，你出10万元人民币，使用50倍杠杆，通过融资机构融资490万元，这样你的资金账户就有了500万元人民币（10万元人民币的50倍）。当然，这些资金只能用于

---

① 外汇杠杆，又称融资倍数，是指投资者以自有资金作为担保，向融资机构进行融资以放大自身资金量，来进行外汇交易。

操作卢布，不能提现或购买其他产品。

如果卢布一直上涨，比如兑换汇率从 20 变为 13，你就可以净赚 769 万元人民币左右（500×20÷13≈769）。去除融资的 490 万元人民币，剩余 279 万元人民币，是本金 10 万元人民币的 27.9 倍。

这样一番操作下来，收益非常可观。但是，当卢布微幅下跌时，比如人民币与卢布的兑换比例从 20 上升为 20.4（500×20÷20.4≈490.2），即使这样小幅的波动，也会让本金产生将近 10 万元的大幅亏损。

即使这个下跌动作只是闪过一秒，但是只要触发了合同内容，如出现让 490 万元发生损失的任何状况，那么借钱给你的这家公司就会立刻把你账户里的卢布全部卖掉，换成人民币来减少自己的损失。唯一能延缓的方法，就是你不断地向这个账户打钱，确保融资的 490 万元人民币没有任何危险，如此反复，亏损巨大。

所以，强烈建议不要随便碰外汇杠杆，外汇杠杆带来的风险非常大。

2. 不确定性风险

2022 年 3 月，因俄乌冲突刚刚爆发，卢布走单边行情，而且下跌幅度大，这种外汇行情非常容易判断。所以，这时候操作卢布的确会获得不错的收益,但这并不意味着这种收益会持续下去。因为这种单边、走势幅度大、容易判断的行情不会轻易出现,很可能几年才会出现一次。

尤其是在俄乌冲突还在持续的阶段,卢布市场行情仍存在较大不确定性。因为俄罗斯、乌克兰、欧美等国发布的政策消息,对卢布行情仍有很大影响,很可能会导致卢布走势毫无规律,上涨或下跌都非常不确定,从而加大了投资者判断的有效性,一旦判断错误,亏损可能非常严重。

投资外汇需要丰富的经验,炒卢布难度更大,投资者应该谨慎,不要为一时利益而冒巨大风险。

有钱人是怎么控制风险的

现在，理财意识已经很普遍，很多人都知道把钱存在银行里，钱会因为通货膨胀而贬值。但是，几乎所有的理财产品都存在一定风险，想要控制风险，我告诉大家一个好办法，那就是向有钱人，也就是高净值人群[①]学习。

2013年以后，高净值人群首要的投资目标发生改变，财富高增长逐渐变成财富安全。高净值人群资产丰厚，个人综合能力强，几乎都是社会精英，他们在理财上的控险方法具备一定的参考价值。

1. 转移风险

转移风险是将一个人承担的高风险以一定代价转移给多人，平摊之后风险自然会降低。这种方法不仅可以降低风险

---

① 高净值人群：一般指资产净值在600万元人民币以上的商业银行客户。

对自己造成的损失，还可以降低风险管理成本。同时，其他人通过承担一定的风险可以获取利润。这样一来，各方参与者便可以互惠互利，实现共赢。

前些年，在投资兰花比较盛行的时候，隔壁老王（高净值者）也想参与进来，但是投资兰花需要大量资金，他觉得风险较大，于是邀请了其他几个人共同参与，帮助自己分担风险。老王出资10万元（成本价），要求其他参与者每人也出资10万元（初期价格）。

当时，老王和其他投资人约定，如果一年之内，兰花的市价涨跌均不超过10%（价格波动在9万~11万元），年底他就连本带利支付参与者12万元。对于参与者来说，年收益率可以达到20%，算是一笔不错的投资。

如果兰花的市价在第三个月涨幅就已经超过10%，老王觉得收益不错，就会将兰花全部出售给市场（敲出），并支付参与者三个月的利息（提前终止合同）。也就是说，如果兰花价格上涨很快，那就是皆大欢喜，所有人都有收益。

但是，如果兰花价格跌幅超过10%，比如跌幅达到20%，成本缩水成8万元。这时候，老王就会产生亏损，那么参与者就需要承担风险，承担兰花降价带来的部分亏损。

隔壁老王这招合伙做生意，就是将经营中的风险转移到众

多旁人身上。当然，其他投资者可以参考这种方法，来降低自己的风险。

2. 分散风险

投资领域有一句至理名言：不要把鸡蛋放在一个篮子里。所以，把资产投放在不同的投资理财产品上，是一种可以有效降低风险的方式，能够保证自身收益的稳定性。

不同的投资理财产品有不同的风险、回报特征，无论宏观投资环境如何变化，利用不同资产回报间的低相关性，进行多资产配置，广撒网，多捕鱼，都将有助于投资者实现长期、稳健、均衡的投资回报。

一般来说，高净值人群都会选择国债、存款、信托（小部分资金）等渠道来分散投资。而普通投资者可以合理配置存款、国债、银行理财，以及部分收益稍高而又较为稳健的混合型基金等。（以上方法仅作参考，各个理财产品风险等级，如表1-2所示。）

投资市场非常复杂，在缺乏投资经验时，向高净值人群学习是一个不错的选择。

表 1-2 不同理财产品的风险等级

产品类型	理财产品举例	风险等级
谨慎型	国债、存款类产品等	低风险
稳健型	银行活期理财	中低风险
平衡型	部分银行理财、债券等	中等风险
进取型	私募基金、股票基金等	中高风险
激进型	期货等杠杆型产品	高风险

商票的风险高吗

商票，全称商业承兑汇票，指金融公司或企业为筹集资金开具的无担保短期票据。它是一种信用性票据，可以背书转让，但一般不能向银行贴现，其可靠程度依赖于开具方的信用程度。举个例子，大家可以更好地理解。

古代有一个财主，靠卖宅子起家。但是建宅子需要很多钱，他拿不出来，于是便想给包工头、商店街的大户们打欠条。

一般来说，这种欠条有两种打法。一种称作银票，到期以后债主们可以拿银票直接到钱庄兑钱，但是开这种欠条，不但要向钱庄缴纳一大笔保证金，还得把每次的购货合同、来往发票等全部曝光。

这样一来，财主自然不情愿，于是就出现了第二种欠条——商票。商票到期以后，无须通过钱庄，财主自己来还即可。商票简单方便，财主仅凭自己在当地的信誉就可以开出来（如图1-3所示）。所以后来再建宅子时，其他财主也都开始开商票，以解决资金问题。

图1-3 商票开具流程

相对于其他大部分融资方式，商票对于企业融资的优势主要有以下几点。

1. 手续简单，融资成本较低

企业向金融机构申请贷款时，除支付利息外，还需要有抵押物，不仅成本高，而且手续烦琐。而商票既不需要向上报备（2021年7月1日起，部分试点房产企业需要上报），也不需披露信息，企业凭借自身信用即可实现支付或者融资。

但一般来说，开出商票的都是上游强势企业。如果企业规模小、在行业中不强势，开出的商票大多不会被接受。

2. 不占用银行授信额度

商票由企业自行签发、自行承兑，银行不承担赎回商票的风险，因此它不属于企业向银行的融资项目，所以商票不占用企业在银行的授信额度。

企业开具商票,在做账时,可以将其划到有息债务以外(不占授信额度)。这样企业的资产负债率和杠杆水平便不受影响,企业偿还债务的压力也会减少,从而可以保持良好的融资面貌。

通常商票到期后,企业自行偿还(理论上也可以指定其他关联公司偿还)即可,与银行不发生关系。

3. 延期与转让

商票结算期可以延长,甚至有时候部分企业会故意拖延,因为对于开具商票的企业来说,生意上的事就算拖上一年,也不过是结算期有点长罢了。

商票还可以背书转让,市场上有很多投资者都在投资炒作商票。商票的特性使得其对欠款方约束较小,对于欠款企业,就算债主排队找上门,股东们仍可以不疼不痒地每年分红。当然,那些债主大户也不是傻子,看清欠款方的人品之后,会干脆让些利润,把手上的商票赔钱转卖出去(贴现)。

这时候,有些投机分子看到企业经营状况良好,便开始拼命抢这些商票(炒作),于是一个奇怪的现象(二级市场)就这样出现了。哪怕没有实体业务,一些企业也会雷打不动地开具商票,票面100元只卖50元(此处仅为例子,具体票据有严格定价逻辑），然后抢到的商户们再按照60元、70元、80元等价格陆续转手（每次现实定价需按照市场贴现率进行精密计算），如此人人赚得盆满钵满。

但是，随着市场深度调整，商票风险加大，尤其是房地产行业，逐渐成为商票逾期重灾区。作为一种融资工具，商票优势明显，但是如果借款方无法及时偿还，商票兑付出现逾期，出借方（债主）就会承担很大风险。

为什么很多人喜欢收藏老酒

给大家讲一个关于老酒①的冷知识。在很多人看来，好喝的年份酒（部分口味奇特的除外）窖藏的时间大多在15~20年。而存了40年以上的老酒，比如60后和70后那一批老酒，基本需要与新酒兑着喝（老酒作为基酒），直接喝口感类似于白醋（术语叫"熟过头"）。

所以在2010年之前，老酒市场的规模其实并不大，甚至到2013年，整个老酒市场的体量也不过在110亿元左右。

老酒滞销，同时随着时间推移，新酒也慢慢囤成了老酒。在这种情况下，有些渠道商就坐不住了，希望能找到新的市场把这些酒消化掉，于是这些渠道商便开始尝试推广老酒。

所以，自2014年开始，马路边上推着三轮车回收老酒的

---

① 老酒，指存放时间较长的酒，也泛指那些经过陈年、所用基酒酒龄5年以上的成品酒。而市场上说的老酒，通常指经传统工艺生产、存放时间为5年以上，甚至十几年、几十年以上的白酒。

人变多了,在他们的吆喝声中,"铁盖""白皮"这些术语被越来越多的人知晓。

2014年后,老酒的价值慢慢被开发出来,无论饮用送礼,还是投资收藏,越来越多的人开始购买老酒,老酒的市场规模开始持续增长。据中国酒业协会联合歌德盈香公司发布的《中国老酒市场指数》,2018年,老酒的市场规模已达到500亿元,购买老酒的人数有1 068万人,比2017年多出300万人。2021年,老酒市场规模已达到1 000亿元(如图1-4所示)。另据中国酒业协会2023年初发布的《2022年线上收藏酒消费趋势前瞻报告》,未来五年中国收藏酒/老酒市场将突破1 000亿元。

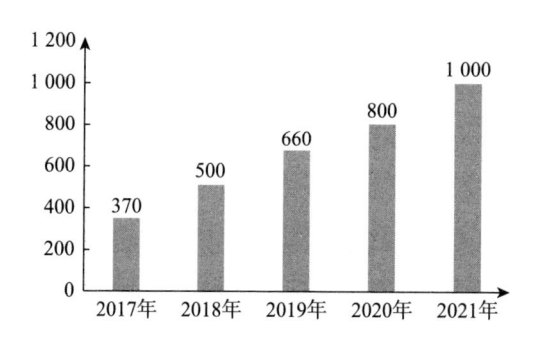

图1-4 2017~2021年中国老酒市场规模(单位:亿元)

1. 饮用价值

如果采用适当的存储方式，老酒在存放的过程中，其中的各种脂类会发生反应，产生很多具有香气的化合物。比如，某些品牌的老酒具有香气贡献的特征化合物就达到 10 种。所以一般来说，老酒会越存越香。而且在储存若干年后，老酒的味道会变得更温和、更柔润，喝起来有醇厚浓香之感，所以老酒拥有新酒难以企及的健康价值。

老酒的主要成分除乙醇和水外，还含 18 种氨基酸，其中 8 种是人体必需而自身又不能合成的。这 8 种氨基酸，在老酒中的含量比同量啤酒、葡萄酒高出一倍甚至数倍。

另外，老酒还含有许多易被人体消化的营养物质，如糊精、麦芽糖、葡萄糖、甘油、高级醇、维生素和有机酸等。

经过渠道商、酒企、爱酒人士等逐年推广普及，饭桌上，越来越多的人开始认同老酒。

2. 投资价值

老酒存放的时间越长，口味越醇厚，而且价值越高，因为作为消耗品，其数量必定会越来越少。所以，老酒具备了稀缺性、不可复制性、口感醇厚等多种收藏特性，保值增值潜力巨大。

比如，一瓶贵州茅台在1980年售价是8元，如果持有到2022年，它的售价可以达到55 000元。如果1980年投资一瓶贵州茅台，2022年的收益就是54 992元，收益率高达6 874%。

老酒的稀缺性和不可复制性，使其成为收藏投资市场的新宠儿。自2015年以来，它是为数不多的每年都在稳健增值的投资品种，而且在收藏领域，老酒也是可以迅速成交变现的品种。

到了2023年，除了旺盛的日常消费以外，老酒已然成为一种周期长达十几年的收藏产品，很多人通过投资收藏老酒获得了很大利润。但是，一个收藏品种再好，也会存在风险，首个15年收藏阈值已经到来，老酒神话能否继续下去，还未可知。

分期买块名贵手表值得吗

除按揭买房以外，绝大部分的分期贷款（计息方式与按揭买房不同）只会让你兜里的钱越来越少，因为你看到的利息几乎都不是实际的利息。所以，能不分期最好不要分期，如果超出了自己的消费能力范围，要学会克制。

1. 利息成本高

大部分分期贷款的实际利息非常高，而且贷款期限越长，资金成本越高。

举个例子，一块手表价格是12万元，刷卡分期1年还清，每月平均需还1万元本金，如果月利息为1%，则每月利息为1 200元，那么当前的年利率应该是12%。

如果第一个月已经还款1万元本金，分期本金余额应还剩11万元，那么第二个月则只应还息11万元×1%=1 100元。但是，实际在整个还款周期内，借款人都是按照12万元的贷款基数,每月还的实际利息是12万元×1%=1 200元(如表1-3所示)。

表1-3 分期付款每月应还利息与实还利息对比

月份	应还利息	实还利息
1	1 200	1 200
2	1 100	1 200
3	1 000	1 200
4	900	1 200
5	800	1 200
6	700	1 200
7	600	1 200
8	500	1 200
9	400	1 200
10	300	1 200
11	200	1 200
12	100	1 200

所以在12万元贷款中,有1万元其实只使用了一个月(第一个月还款的1万元本金),有1万元只使用了两个月(第

二个月还款的 1 万元本金）。以此类推，真正使用满十二个月的只有 1 万元（第 12 个月还款的 1 万元本金）。

从第一个月到第十一个月的本金，其实都相当于免费借给了银行、机构，让它们在收到钱的下一秒再放出去，来收取更多的利息。所以，借款人一年之中实际用到的本金只有 6.5 万元[①]。

在这种情况下，借款人每年要付出的真实利率就上升到[（1 200×12）÷65 000×100%]=22% 左右，几乎比当前年利率多 1 倍。

而且，有一些不正规的平台，还会在利息的基础上，另外添加服务费、手续费、中间抽成等，这些费用加起来，真实年利率甚至超过 200%。更有甚者，借 1 万元最后还款 147 万元。

所以，在超高利息下，分期借贷一定要慎重，尤其不要利用分期借款来进行消费或投资，否则会付出巨大的资金成本。

2. 易成瘾性

分期消费虽然利息高，但由于最初只需要付出一小笔本金，很容易让人上瘾，所以分期购买奢侈品已经成为越来越多的人的一种消费习惯。尤其是一些年轻人，由于涉世未深，

―――

[①] 1 万元使用一个月，年使用金额为 1 万元×1/12；1 万元使用 2 个月，年使用金额为 1 万元×2/12……全部加起来，一年实际使用金额为 6.5 万元。

自控力不足，更容易受奢侈品商家诱惑。

佩戴名贵手表可以满足虚荣心，吸引别人羡慕的眼光，但这些也极其容易让人迷失自我，尤其是当这种满足来自过度消费的时候，造成的危害更加巨大。也就是说，虽然分期消费确实可以让个人暂时过上体面的生活，但这是以透支自己的未来为代价来享受当下，最终将得不偿失。

所以，要树立正确的消费观，尽量不要提前消费，毕竟物价在涨而工资未必涨，积蓄本身就会慢慢缩水，这时候任何负债都会让自己越来越穷。

要不要跟风买双球鞋

"炒鞋"是新出现的转手买卖球鞋，炒作、操控鞋价涨跌的经济行为，它跟炒股实际上没太大区别，只不过操作的地方不同而已：炒股是在股票市场进行，而炒鞋是在球鞋市场进行。那到底要不要跟风炒一炒鞋呢？先给大家讲个故事。

在欧洲，提到做生意，没有人不服荷兰人，就连大名鼎鼎的马克思都认为荷兰是"海上第一强国"。跟国内某些只喝×云矿泉水的人一样，当时的荷兰人也喜欢买些进口、少见的东西来炫富，类似于现在流行的明星同款、商标倒挂的鞋子。当时在荷兰流行的就是法国贵族同款的衣服和鞋子，还有各个品种的郁金香。

当时荷兰贵族们为了彰显出自己"出类拔萃"的审美和财富，硬是把一株特殊的郁金香炒出了一套市内独栋别墅的价格。民间的百姓看到这种情况之后也都按捺不住了，于是也加入炒作郁金香。买不起现货的，就找花农预定明后年的订单（远期合约）；订不起整株的，就分期买一朵花瓣。乃至于到了后期，花农连郁金香都不用拿出来，只要手上有一份订单就能坐等升值。

郁金香事件的最终结果，当然是整个市场的崩溃。贵族们的热情慢慢降温后，市面上甚至传出了拿郁金香根来当洋葱吃掉的消息。于是观望的人越来越多，接盘的人越来越少，郁金香的价格一落千丈，甚至到最后一颗郁金香球茎还不如一颗洋葱贵。

在某种程度上，"炒鞋"与"炒郁金香"相似，所以对于大部分投资者或购买者来说，跟风炒鞋存在很大风险。

1. 容易引发泡沫破裂

炒鞋现象在2019~2021年尤为引人关注，"炒鞋""天价球鞋"等话题在那段时间一度引爆各个社交平台。据艾媒咨询发布的《2019全球及中国球鞋二级市场现状剖析与市场前景分析报告》，2019年，中国二手球鞋转售市场规模已经超过68亿元，占全球二手球鞋市场规模的六分之一。

耐克一款原价1 599元的"闪电倒钩"球鞋上市后，被爆炒到3万余元。李宁韦德之道4更是由1 499元被炒至48 889元，翻了32.6倍，还有其他鞋也都翻了数倍（如图1-5

所示）。一双球鞋的利润堪比一款高风险理财产品。

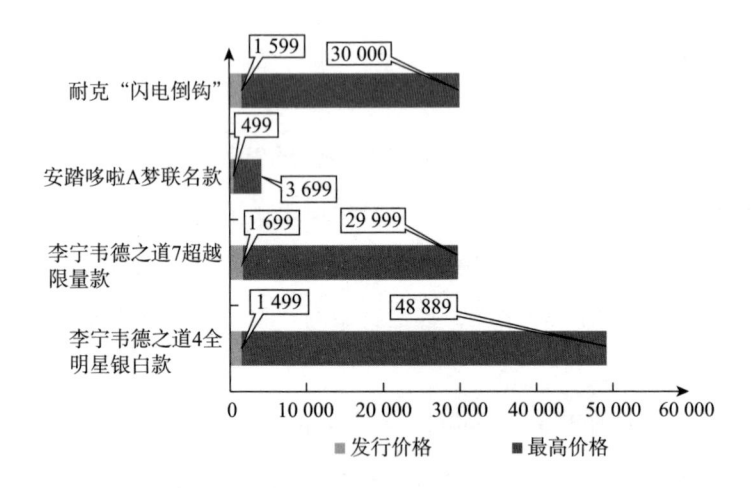

品牌款式	发行价格	最高价格
耐克"闪电倒钩"	1 599	30 000
安踏哆啦A梦联名款	499	3 699
李宁韦德之道7超越限量款	1 699	29 999
李宁韦德之道4全明星银白款	1 499	48 889

图1-5　品牌二手球鞋价格飙升之路（单位：元）

一双球鞋的价格翻了30倍，让很多人惊讶不已，炒鞋也因此吸引了整个投资市场的目光。于是，很多人都开始跟风炒鞋，生怕晚一步就错过机会。但是，仔细思考，就会发现一双球鞋的价格莫名其妙就翻了30倍，其中必然潜藏着巨大风险，稍有不慎就有可能血本无归。

2. 场外风险

炒鞋不仅存在市场风险，也可能存在法律风险。一件商品短短几月，甚至几天就涨价数倍、数十倍，说明整个市场并不是以一种正常状态在运行。比如，可能存在相互串通、操纵市场价格，甚至销售假冒伪劣球鞋等行为，而这些行为必将受到相关法律法规的严惩。

2019年10月，中国人民银行上海分行就发布题为《警惕炒鞋热潮，切实防范金融风险》的金融简报，其中明确提出，国内球鞋转卖市场出现炒鞋热，炒鞋平台实为"击鼓传花式资本游戏"。事实上，炒鞋圈子经过数年发展，已经形成一条灰色产业链，背后可能涉嫌非法集资、金融诈骗、非法传销等涉众型经济金融违法行为。

任何市场一旦出现无节制炒作，正常秩序就会被破坏，商品价格就会严重虚高。市场如果没有后续购买力量，球鞋的价格就会失去支撑，最终将面临严重后果。

时间是一个圈，金融化炒作从未停息。以前有郁金香、君子兰、普洱茶，如今有球鞋，未来还会有其他物品，但是历史规律一次又一次地证明：跟风炒作很容易倾家荡产。

央行调整利率有没有规律呢

根据不同时期的不同需要，中国人民银行会对利率政策和利率水平进行修正和调整，因此，央行调整利率是有规律的，而且主要和物价水平及市场资金的供求关系相关。

1. 物价水平

物价水平是维护存款人利益的重要依据，利率高于同期物价上涨率，就可以保证存款人的实际利率收益为正值。相反，如果利率低于物价上涨率，存款人的实际利率收益就会变成负值。如果物价水平出现很大偏离，银行就会调整利率以平衡物价。

举个例子，假如一个人穿越到古代，在一个与世隔绝的镇子开了当地第一家银号。最初的时候，大家存入取出的都是银子，这个人的工作就类似于仓库管理员，这时也不存在利息的说法，最多向客户收点仓管费。

但是，经过几十年的经营，这家银号逐渐闯出了名气，于是它就可以印发银票了，因为大家相信，这家银号的一两银票可以兑换到一两银子。这时，银票所象征的就不是银子，而是大家对这家银号的信任。银票实际就是一种信用货币。

现代社会实际用的都是信用货币，无论在什么地方，市面上流通的钱基本都要多于库房里的真金白银。那么，物价水平是如何影响利率的呢？

接着上面的例子来说。假如这家银号的库房中有100万两银子，以银票的形式借出去80万两，通常这80万两会以发工资、消费等各种形式流入镇子的其他角落。当然，一部分拿到银票的人也会将其再存到银号（给他开具新的银票），银票在银号如此一出一进，市面上流通的银子就已经涨到180万两。

如此一来，虽然镇子市面上粮食、牲畜、房子等商品的数量基本没变，但是它们的价格都会相应上涨。如果放任不管，印出的银票就有可能会接近无穷多，粮食等商品的价格就会急剧上涨，最后一根葱的价格甚至都能飙到无限高。

所以这时就要控制市面上流通的钱，而不是钱的总量。当利率提高时，就会有越来越多的人愿意存钱，市场的热度就能下降，物价就会慢慢回落，猪肉等商品就会变得所有人都买得起，进而通货膨胀便能够得到缓解。

而当市场热度过于冷淡时，把利率调低，就会有越来越多的人愿意消费，市面上流通的钱就会变多，物价就不会快速下跌，自然会有人愿意养猪养鹅，整个经济市场就变得活跃起来。

一般来说，利率水平与物价水平具有同步开展的趋势，物价变动的幅度会制约利率水平。当物价水平变动时，央行就会适当调整利率，以适应当前的物价情况。

2. 市场资金的供求状况

与其他商品的价格一样，利率水平的调整还需要考虑市场资金的供求状况。所以，利率会受市场资金供求规律的制约，市场资金的供求状况对利率水平具有一定的影响。

而市场资金供求状况对股市的影响更大，当货币供过于求，即货币超发时，股市有极大概率会上涨，如果货币持续超发则股市加速上涨，这一点在美国纳斯达克股票市场体现得尤为明显。所以，通过判断当前市场资金情况和股市情况，也可以大概预测未来是否会调整利率。

如果股市存在泡沫，就需要打压股市，货币市场就会收紧资金流动性，央行就会提升利率。提升利率可以回笼股市资金，市场中资金减少，股市便会下行。相反，如果想提振股市，就会下调利率。

总而言之，在很多时候，利率是用来调整物价和调控股市的一种手段，大家也可以反向推算，预测一下利率什么时候会提高一些。

什么叫场外期权

场外期权，又称店头市场期权或柜台式期权，是指在非集中性的交易场所进行的非标准化金融期权合约的一种交易方式。它是一种相对小众的金融衍生品，很多人都没听说过。场外期权在我国开始于2013年，2017年业务规模逐步扩大，2020年进入高速发展阶段（具体历程如图1-6所示）。下面我来举个例子，帮助大家更形象地进行理解。

有两个人，一个是苹果零售商，一个是苹果批发商。有一次，苹果批发商听到一个消息，说下周苹果进货价格会上涨。

于是他把这个消息告诉了苹果零售商，苹果零售商就赶紧在这周囤了一大批苹果，等到下周苹果进货价上涨后，浑水摸鱼地把苹果卖给了其他苹果批发商。这就是一个普通的老鼠仓的操作过程。

对于果园来说，他们的这种行为肯定是不被允许的。所以，果园一旦发现有人提前囤大量的货，就会顺藤摸瓜找出这条线，以后这个人就再也不能进货了。

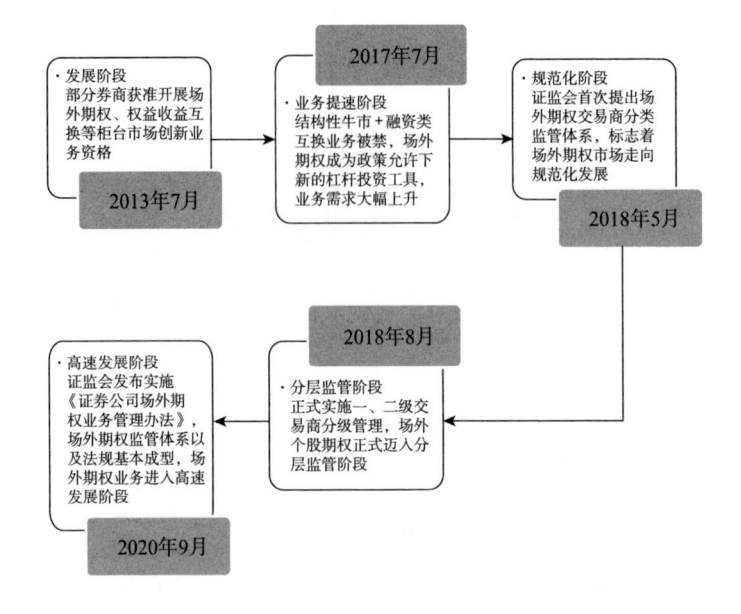

```
发展阶段                    2017年7月                    规范化阶段
部分券商获准开展场                                        证监会首次提出场
外期权、权益收益互        ·业务提速阶段                   外期权交易商分类
换等柜台市场创新业         结构性牛市+融资类              监管体系,标志着
务资格                     互换业务被禁,场外              场外期权市场走向
                          期权成为政策允许下              规范化发展
                          新的杠杆投资工具,
    2013年7月              业务需求大幅上升,
                                                         2018年5月

                          2018年8月
高速发展阶段
证监会发布实施           ·分层监管阶段
《证券公司场外期          正式实施一、二级交
权业务管理办法》,         易商分级管理,场外
场外期权监管体系以         个股期权正式迈入分
及法规基本成型,场         层监管阶段
外期权业务进入高速
发展阶段

    2020年9月
```

图1-6 中国场外期权发展历程

这时候,便有人动起了老鼠仓2.0的念头。当收到苹果进货价下周要上涨的消息后,他换了一家批发商,不仅进了一大批苹果,而且按这周的价格进了一大批西瓜和葡萄。当然,事先他会暗中计算好,把苹果多进一些,确保苹果的利润能够超过葡萄和西瓜带来的损失。

还有一些人会玩得更大胆,在得到苹果进货价下周会上涨的消息后,他们会把手里的钱全部换成定金,找不同的批发商做几十份、几百份按吨计算的大订单。等到下周苹果进货价上涨后,他们就能获得几十倍甚至上百倍的利润。

这样的玩法，就叫场外期权。一般来说，个人投资者不能直接参与场外期权投资，只有机构或企业可以参与。当机构或企业对于标的资产的走势有明确看法时，相较于直接配置标的资产现货，通过场外期权来参与投资，更加具有优势。

1. 以小博大和风险较低

场外期权可以配置杠杆，倍数通常在 10~50 倍。操作时，仅需付出期权费用即可参与全部名义本金对应的标的资产的交易，实现以小博大。配置杠杆后自身资金量占用较少，收益却可以被放大。

而且与期货相比，场外期权安全性更高。期货会面临资产价格双向波动的风险，最大的潜在损失难以锁定，而场外期权的收益结构是非线性的，即参与者的收益与损失不是对称关系，收益、损失与权利金的关系也不是线性或简单倍数关系。所以，操作场外期权，买方损失有限。

虽然场外期权的风险比期货的低，但仍不可忽略，如出现多次违约，仅违约费也会让参与者产生很大亏损。

2. 风险对冲

在存在权益多头仓位的产品中，引入场外期权，可以有效对冲权益市场极端下跌的风险，不过要注意一个前提，即拟对冲资产与挂钩标的之间具备较强的相关性。比如，大部分机构都是长线持有股票，但是时间长又担心股价大幅下跌，此时就可买入认沽[①]（看跌）的场外期权来对冲市场下行风险。

风险对冲虽然可以化解风险，但是对冲这种操作有很大难度，一旦操作不当，参与者很有可能会两头亏损。

个人投资者虽然不能直接参与场外期权交易，但是有些金融公司的某些产品仍是场外期权模式，对于这种产品，投资者要加以辨别，注意风险。

---

① 认沽，指在约定的未来日期出售约定的标的物。

为什么好多地方都在卖月饼票

对于月饼厂家来说，发放月饼票①可以抢占市场份额，增强市场竞争力，同时降低自身的经营风险。

经由月饼厂家逐年推广，月饼票从最初流行于上海发展到流行于全国，甚至在很多地区使用月饼票已经成为一种习惯。那么，对于消费者和厂家来说，月饼票到底有哪些实际功能呢？

1. 简单方便

相比实物月饼，月饼票的高流通性和便利性使人们的人情往来变得更加简单方便。

对消费者来说，需要实物时可以拿着月饼票随时去指定地点兑换，不仅可以省去挑选和运送的时间和人力成本，还可以用较低的价格（通常购买月饼票的价格比购买实物月饼的

---

① 月饼票，也称月饼券、月饼卡，是月饼厂家推出的用来购买月饼的代金券，使用月饼票可以兑换相应数量的月饼。

价格要低）获得较高价格的商品，送礼也显得更有面子；对于礼物接受者来说，月饼票更加实用，需要实物时进行兑换即可，不需要时可以将月饼票打折转卖得到现金。

总之，从消费层面来说，月饼票既可以让各方得到实惠，又可以避免浪费。

2. 控制成本，缓解资金压力

对于月饼厂家来说，月饼票在控制成本、缓解资金压力方面有着很多的实用功能。首先，厂家可以凭借售出的月饼票数量，制订一年的生产计划，这样可以在很大程度上避免浪费资源和无端消耗成本；其次，发放月饼票可以提前回笼资金，缓解自身资金压力；最后，还有一种情况是，月饼厂家有时根本不用投入生产就可以获得利润。

比如，月饼厂家印一批面额100元的月饼票，以65元的价格卖给经销商。经销商以80元的价格卖给消费者A，消费者A将月饼票送给消费者B，消费者B又以40元的价格卖给市场其他人，最后厂家以50元的价格回收。

最终的结果是，每张月饼票厂家赚了15元，经销商赚15元，消费者A完成人情往来，消费者B赚40元，其他人赚10元（如图1-7所示）。

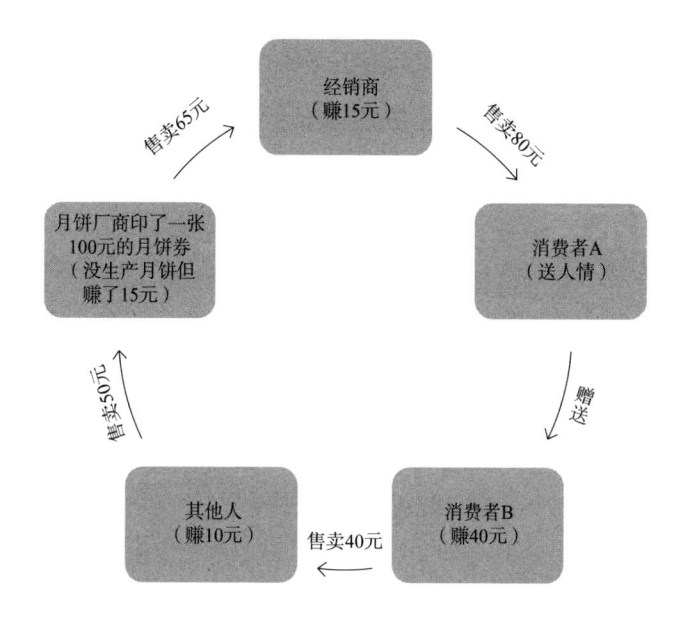

图 1-7 月饼券背后的经济学

从某种程度上来说,这就是月饼的证券化,通过这番操作,月饼厂家在获利的同时还大大地降低了生产运营成本。

3. 锁住风险

按照正常逻辑,中秋节之前,月饼的价格应该持续上涨,到了中秋节当天,超市一般就开始促销打折,各个市场月饼的价格几乎全部下降。而发放月饼票可以在很大程度上锁住价格下跌的风险。

比如，一家月饼厂家在中秋节之前印了1万张面值100元的月饼票。假设月饼是100元一盒，月饼票卖80元一张，到了中秋节，消费者就可以拿着月饼票来换月饼，或者按照当天月饼价格的8折卖给厂家。

如果中秋节当天，月饼价格跌至60元/盒，相应地，月饼票的价格就是48元/张（60元×80%）。这时厂家如果售出1万盒月饼，就会少赚（100元-60元）×10 000盒=40万元；如果回收1万张月饼票，则可以赚取（80元-48元）×10 000张=32万元。

所以，通过预售月饼票，月饼厂家只是少赚了8万元，而如果没有月饼票，月饼厂家就会直接少赚40万元。如果月饼的价格跌至50元/盒，月饼厂家也只是少赚了10万元{[（100元-50元）-（80元-40元）]×10 000}。

按照这个逻辑来推算，月饼价格跌得越多，厂商的抗风险能力就越强。这种把下跌风险转移出去的方法，就叫空头套期。

当然，月饼票也存在一定风险，比如拿到的实物月饼可能会"货不对板"，或是遭遇"提货难"，甚至被要求加价购买其他款式的月饼才能兑换，等等。所以，如果没有特殊需求，不要大量购买月饼票。

PART 2
经济学里的蝴蝶效应

假如房子滞销,房租是暴涨还是暴跌

  房子是老百姓日常生活的必需品,即使不能买自己的房子,也需要租房子来满足基本的生活需要。所以,房价和房租是老百姓平时最关注的一件事。在房屋销售市场,大家都知道一个规律,那就是"买涨不买跌"。那么在房屋租赁市场,房租的涨跌会有哪些规律呢?当房价下跌的时候,房租会不会同样下跌,或者会不会反其道行之而上涨呢?我们先来看个案例。

  2007年,美国很多人看到房价一直在下跌,就不打算继续还月供。而另一些刚需购房者觉得房价还有下降空间,于是开始观望,想再等几年,进行抄底。

  这时候,雷曼兄弟公司从中嗅到了金钱的味道。在其看来,虽然大家都不愿意买房子了,但是工作总不能随便辞掉吧,有工作就要有地方住,那就只能选择租房。如果趁这个机会囤一些公寓、写字楼，应该可以大赚一笔。于是，雷曼兄弟公司不仅收购、支持一批商业用地开发商，还给酒店、物业发放特殊借款。为了追求自身利益最大化，雷曼兄弟公司甚至将杠杆率提高到危险的程度。为了"多吃多占"，雷曼兄弟公司通过各种手段向市场借款，而且这种借款杠杆高、利息高，甚至在有些项目上，雷曼兄弟公司自有资金和其他渠道借来的资金比例已经达到 1∶43。

但是没想到，次贷危机爆发，美国住宅市场一蹶不振，银行开始慢慢收紧所有借款渠道。这时候，等着用钱的雷曼兄弟公司开始被各大机构釜底抽薪，原本各种商业用地的开发项目，像酒店、公寓、写字楼等全部烂尾。证券市场也被牵连到底，接着食物、药品、消费等领域全部受到重创，美国乃至全球都卷入到了风暴中。

通过这个案例我们可以看到，是雷曼兄弟公司这类机构将住宅市场的火直接带进了原本可以逃过一劫的商业地产，继而影响到各行各业。所以，在没有雷曼兄弟公司的世界里，那些拥有年轻人的一、二线城市确实是会迎来房租的上涨，但是当某些贪婪的大机构、大企业涌入租房市场以后，一切都将发生巨大的改变。

当然，除此之外，影响房租涨跌的原因还有很多，一般来说有以下几种。

1. 市场实际需求

房租非常符合市场经济定价的规律，没有人会和买房一样，看见房租下降，就租十套房子进行炒作。所以，不会出现人为破坏租房市场实际供需的情况。市场实际需求增加，房租价格就会上涨，反之则下跌。

2. 需求方收入能力

如果区域内可租赁的房屋总数不变，需求方整体人数不变，但是整体经济大环境比较好，需求方的工资上涨或者其他收入增多，那么房租也会上涨。

3. 垄断市场

还有一种特殊情况可能会打破租房市场供需博弈的平衡，那就是垄断行为。大型资金团体大量拿房，再联合区域内房屋持有量大的房东，就可以在一定程度上掌握定价权，控制租金的涨跌。

由此可见，租房市场是单纯的刚供市场，其价格通常由需求方决定，即由租房者的收入和需求而定，并不会随着房价的变化而出现过多变化，房价大涨，房租可能微涨，甚至有时候房价涨了，房租可能还会下跌。

不少工厂搬往东南亚，对我们有多大影响

20世纪六七十年代，世界工厂原本不是中国，而是日本。因为紧抱欧美的大腿，日本拿下了一大批来自欧美的订单，既包括轿车、机床，也包括袜子、衣服。

到了20世纪80年代，很多日本专家学者开始呼吁，要打造一个"大东亚雁行方阵"。通俗来说，就是日本在轻、重工业方面获得足够利润之后，不想再接那些利润低、污染大的代工厂订单了。于是在可以赚差价的前提下，日本把这些订单甩给当时的"亚洲四小龙"（韩国、新加坡、中国台湾、中国香港）。再然后，当"亚洲四小龙"也获得足够利润之后，那些代工厂订单又可以留点给东南亚和中国大陆。

所以直到今天，日本的马桶和电池、韩国的半导体及"台积电"的芯片代工已然成为行业翘楚，因为在当初的定位上，它们牢牢占据了更上一级的产业类型。而当时的中国，因为

长期的发展停滞，只能和泰国、马来西亚去争抢利润极低的服饰、打火机、自行车等订单，还要被欧美以"反倾销"的理由各种欺负。

到了20世纪90年代，整个东南亚爆发金融风暴，各国经济实力下降，很多大厂被瞬间击垮。当时，中国劳动力成本低，土地税也低，因此吸引了大批世界级企业来设立工厂，无数工业订单由此从东南亚转移到中国。

经过几十年沉淀，中国经济迅速崛起，国民生活水平大幅提高。但与此同时，外资企业的各种成本也在不断上升，劳动力成本更是大幅增加，约是越南的一倍（如图2-1所示）。于是，很多在中国建厂的外资企业纷纷计划撤离中国，转移至发展相对落后、劳动力成本更低的东南亚、南亚国家。其中，越南和印度成为新宠，很多美国、日本、韩国企业，如苹果、三星等几乎已经完成转移，三星甚至在越南建立了世界最大的手机生产基地。

在这种情况下，一些投资者开始担心中国世界工厂的地位会受到影响。不可否认，外资企业转移阵地，的确会给我们造成一定的影响，但"中国制造"底蕴深厚，竞争力很强，外资撤离对我们的影响相对有限。

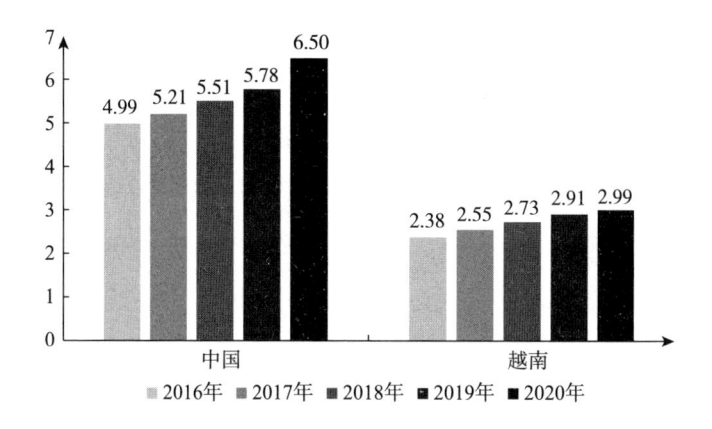

图 2-1 中国、越南制造业劳动力成本（单位：美元/小时）对比[1]

1. 他国劣势

外资企业转移至东南亚、南亚国家后，发展得并没有像当初想象的那样顺利。很多企业在越南、印度建厂后，经营发展均遇到很多问题。

在越南和印度，合同违约是一种常态。而且，这两国的劳动力成本虽然低于中国，但其上涨速度非常快，工人工资水平不断提高。

另外，劳动力效率也是一个问题。有些国家的员工并不像中国的员工那样勤劳，他们不愿意加班，工作时也常常偷懒，

---

[1] 数据来源：IHS Markit，中信建投。

很多人都是出工不出力，效率极其低下。

而且，东南亚各国抗风险能力差。20世纪90年代，美国索罗斯做空泰铢，在东南亚掀起金融风暴，本来可以独立制造飞机零件、精密仪器的东南亚大厂，瞬间被击垮。

在这些因素的影响下，一部分外资企业开始回流中国。所以，投资者要理性看待这种现象，不要让其影响到自己的操作。

2. 自身实力

早在2010年，中国的制造业规模就已经成为世界第一。不同的是，当时很多发达国家已经投入智能化和新能源的研发，而我国采用的还是高消耗、高排放的传统模式。

经过十多年的发展，到了2022年，中国的制造业水平和技术都有了大幅提升，在员工技术、配套设施、产业链完善等方面远远强于越南、印度等东南亚、南亚国家，"中国制造"终于靠真正的实力闻名于世界。

另外，中国很多企业相互之间分工明确又配合密切，大家会专注于一个产业环节，也会互相配合和扶持。所以，中国产业链条环环相扣，效率提升显著。相比之下，东南亚和南亚一些国家的外资工厂都建在村落里，想要找到所需的加工链，会耗费很多心力，甚至用尽力气也找不到。

总之，从诸多层面来看，外资企业转移对"中国制造"的影响是短暂且小范围的。从长远来看，中国仍是制造业大国和强国，而且依靠强大的国家实力，通过努力，相信我们也能在智能化、新能源等高科技产业领域占有一席之地。

当年美国房价大跌，对我们造成了哪些影响

相信很多人对 2008 年发生在美国的那次金融危机仍然记忆犹新。那次金融危机又称"次贷危机"[①]，不仅造成美国百年投行企业雷曼兄弟公司的倒闭，而且导致很多投资基金被迫关闭，进而引发股市剧烈震荡和全球金融市场流动性缺乏，最终使包括中国在内的世界各国的金融市场陷入困境。

中国在那次危机中受到的直接影响相对较小，但间接影响很大。2008 年后，中国出口减少，作为拉动经济增长的三驾马车之一，其作用开始变弱，投资者的信心开始动摇，投资积极性下降。而且，那次危机还导致银行惜贷，造成国内市场资金流动性不足，进而造成股市下跌，很多投资者出现大幅亏损。

---

① 美国"次贷危机"是从 2006 年春季开始逐步显现，并于 2007 年 8 月席卷美国、欧盟和日本等世界主要金融市场。

最后，中国政府出台 4 万亿元的经济刺激计划[①]，才得以解决资金流动性问题。这流动的 4 万亿元资金，让很多投资者在股市和楼市里赚取了很大利润。

1. 房价大幅上涨

2008 年，美国房价大跌引发金融危机后，美国政府选择量化宽松政策，向市场投入大量货币。随后，中东等国家也跟上步伐，最后扩展至全球大部分国家。全球市场的资金由此急剧增加，而资金增加推升物价大幅上涨。比如，一桶汽油原本为 100 元，在政策的推动下升至 200 元以上。而且在全球范围内，粮食、服装、交通等领域的成本均全面上涨，很多工厂因此被迫关闭。

当时的报纸常常会出现关于"返乡潮"的标题和内容，其背后的真相就是，很多实体行业的老板因无力经营而返乡打工，当时东南沿海的很多外向型中小企业倒闭，很多人因此失业。

后来，中国政府推出 4 万亿元的经济刺激计划，向市场投放大量资金，这种情况才得到缓解。这些资金有很大部分

---

① 2008 年 9 月，国际金融危机全面爆发后，中国经济增速快速回落，出口出现负增长，大批农民工返乡，经济面临着陆的风险。为了应对这种危机，中国政府于 2008 年 11 月推出了进一步扩大内需、促进经济平稳较快增长的十项措施。初步匡算，实施这十大措施，到 2010 年年底约需投资 4 万亿元。

流向了房地产行业,直接推动房价大幅上涨,而且涨势持续数年(如图 2-2 所示)。当时的政策是,加快建设保障性安居工程,加大对廉租住房建设的支持力度,加快棚户区改造,组织实施少数民族地区游牧民定居工程,扩大农村危房改造试点。

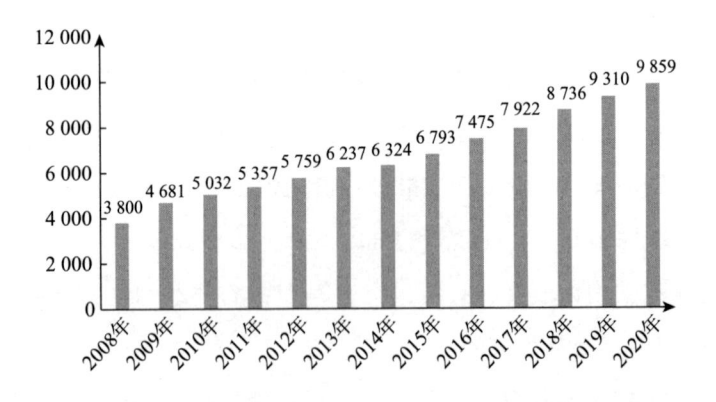

图 2-2　2008~2020 年中国商品房均价(单位:元/平方米)[1]

2008 年以前,有些人买煎饼可能都舍不得加鸡蛋,但这一计划出台后,他们很可能因拆迁而变成千万富翁,更有很多人通过购置房产让财富得到大幅增值。

---

[1] 数据来源:国家统计局。

2. 基建与互联网行业蓬勃发展

还有一部分资金流入基建行业，从此中国基建行业进入快车道，并由此获得"基建狂魔"的称号。

2008年，我国第一条高铁"京津城际"正式开通，铁路时速进入"350时代"（350千米/小时）。2010年10月，我国开始投入研究500千米/小时的高铁技术，逐步掌握高铁领域的世界话语权。

此外，此计划还带动了一波创业风潮，很多有志之士纷纷投入金融、互联网等行业进行创业。很多大型互联网企业，如B站、爱奇艺、今日头条、小米集团等，都是在2008年后成立和发展壮大起来的。

俗话说，不破不立。2008年发生在美国的那场金融危机对我们来说，并不是一件坏事。金融危机过后，一批行业往往能够得到重新洗牌的机会。

当年日本的房价是怎么跌下来的

1991年，由于一系列错误决策，日本房地产行业产生了巨大泡沫。泡沫破碎后仅3个月，东京房价的跌幅就达到65%，一年后跌幅甚至达到90%。一些高杠杆买房或者在高位买房的日本人，几乎在一夜之间倾家荡产。

不仅如此，日本股市在达到历史性的38 000多点之后，也开始掉头下行。1992年1月，日本股市总市值已经跌去70%。随着股市、楼市的大崩塌，很多日本人濒临破产，日本经济从此一蹶不振。在接下来的20年，日本经济年增长率仅为1.1%，日经指数由1989年年底的38 916点，跌至2009年3月的7 021点，由此这二十年被称为"失去的二十年"。

其实，日本房价大跌并不是没有征兆，宽松的货币政策、银行利率下调、超低利率发放贷款、全民买房、摇号买房、地价飙升等，都在提醒日本政府和日本人民，房地产业已经很危险。但是，当时日本从上到下全部陷入疯狂，忘记了危险。

日本房价大跌的原因有很多，但主要原因还是国际竞争和日本国内失策。

1. 国际竞争

20世纪70年代，中东的沙特、伊朗等石油大国，有意抬高全球油价。油价的大幅上涨，使得油耗更低、价格更便宜的日系车辆备受美国人喜欢，日系车随即在美国大卖。到了20世纪80年代，日本实体企业越做越大，松下、东芝等一批公司开始崛起。当时，日本与美国每年有500亿美元左右的贸易顺差。

为扭转局面，美国于1985年同日本、联邦德国、法国、英国一起签署著名的《广场协议》[①]。美国还主动提出让日元升值，由此美元对日元的汇率由1∶240上升至1∶150。

这样一来，日本的商品对于美国人便没有了价格优势。从此，日本经济开始出现衰落迹象，房地产业不可避免地受到波及。

[①] 20世纪80年代初期，美国财政赤字剧增，对外贸易逆差大幅增长。美国希望通过美元贬值来增加产品的出口竞争力，以改善美国国际收支不平衡状况，所以签订此协议。

2. 日本国内失策

日本房价断崖式下跌，与其政府出台的一系列经济政策也有着很大关系。比如，日本政府曾连续五次下调利率，从1985年的5%降至1987年的2.5%，货币供应量连续四年超过两位数增长，这造成日本国内市场上流动资金大量过剩。

利率下降，很多日本人就借钱去消费、炒股、买房。其中，房产是固定资产，可以用来抵押借款，借出更多的资金，所以房产便成为当时非常火热的投资产品。

比如，今年借1000万日元买房，明年房子就能涨到1500万日元，银行甚至提前开出2000万日元的评估价格，让个人尽快抵押，再去买更多的房子、借更多的资金。

此外，日本政府还放出5万亿日元来刺激经济。市场就这样陷入疯狂，越来越多的公司甚至开始削减生产部门，以便拓展对外投资规模。

正是在这个阶段，中国抓住机会，承接了很多日本看不上的实体订单，珠三角、台湾、长三角的工业区迅速崛起，此后，中国GDP（国内生产总值）进入快速增长通道。等日本反应过来时，其优势已经被瓦解，技术比不过欧美，价格比不过中国。结果，很多日本企业因为负债过高、银行加息等原因开始大量倒闭，越来越多下岗职工所贷的款收不回来。房地产行业，楼盘全部打折出售、低价拍卖，甚至很多人断供弃楼。至此，日本经济一片狼藉，GDP连续数年徘徊在4万亿美元左右，至今也没能完全恢复（如表2-1所示）。

表2-1 中日GDP（美元）对比（单位：万亿）[①]

年份(年)	2000	2001	2002	2003	……	2008	2009	2010	……	2020	2021
中国	1.21	1.34	1.47	1.66	……	4.59	5.1	6.09	……	14.69	17.73
日本	4.97	4.37	4.18	4.52	……	5.11	5.29	5.76	……	5.04	4.94

其实，中国的房地产在经过了一轮爆发式增长之后，由于国家调控等原因也已经进入了平稳通道。所以，投资者一定要谨记日本房产泡沫风险，不要轻易涉足其中。

① 数据来源：中经数据。

美国的私人银行
为什么要听美联储的

在很多经济类的新闻或文章里,"美联储"[1]是我们经常会听到的一个词,它在美国经济甚至全球经济中都掌握着很大的话语权。

美联储从美国国会获得权力,行使制定货币政策和对美国金融机构进行监管等职责,相当于美国的中央银行。它在美国经济市场具有领导地位,私人银行自然要听从它的安排。

1. 有决策权

美联储在美国经济中发挥着重要作用,它在货币和金融政策上拥有独立的决策权,并直接对国会负责。所以,哪怕是

---

[1] 美联储,即美国联邦储备系统,由位于华盛顿特区的联邦储备委员会(美联储的核心管理机构)和12家分布于美国主要城市的地区性联邦储备银行组成,负责履行美国的中央银行的职责。

美国总统，对美联储的影响也微乎其微。

尽管美联储不是名义上的中央银行，但它是实质上的中央银行，具有与各国中央银行同样的功能，掌握着绝对的基本利率制定权力。作为全球流动性的"总龙头"，它也被称为"世界的央行"。而且，美联储宏观调控美国经济的主要手段，就是调整利率。

比如，当美国市场通货膨胀严重（消费者物价指数高）时，美联储就会加息，通过加息减少市场上的资金流通量，来压制通胀。所以，每当通胀严重时，美国的存款利率也会变高。当美联储增加利率，私人银行获得的资金成本就会增加，其他企业或个人从这些银行借贷的利息成本也会增加，通过这一系列的连锁反应就可以调节银行成本，并经银行传递给工商企业，进而影响消费、投资和国民经济。当然，反之就需要降息。

所以，美联储调整利率的决定权，会对私人银行起到很大的帮助和震慑作用，私人银行自然要遵从美联储的决定。

2. 互惠互利

市场常见的美联储加息或降息，就是联邦基金利率的调整。联邦基金利率是美国存款金融机构及政府支持企业之间相互进行信用拆借的隔夜资金利率。

比如，一些私人银行的账户上一般都会预留100万美元（此数据仅为说明概念）来供客户取现。但是，如果有大客户想取走1 000万美元时，私人银行该如何解决呢？让大客户晚几天再来，然后私人银行去催别人还债？当然不现实，因为钱借出去时是收取利息的，提前要回就会损失利息。这时候，私人银行可以学电脑城里的商户，向同行调货。

其实，无论是国内还是国外，一直都存在同业拆借市场，大家（私人银行）表面为了争抢客户，送油送米，实际上大家私下里的关系并不是很差。既然自己私下能够解决问题，那么私人银行为什么还要听命于美联储呢？

而站在美联储角度，如果让私人银行自己就可以解决麻烦，那以后谁还肯听它的呢？于是美联储就想到了一个好办法：在市场比较萧条的时候，先签出大批欠条，各家私人银行便用闲钱买下这些欠条赚取利息。对美联储来说，这些欠条还款与否没有很大影响。慢慢地，美联储利用这个空当成为私人银行中最富有的商户。

当市场繁荣起来之后，这些私人银行忽然发现市面上的钱已经不够用了，只好求助美联储借钱。这时候，双方攻守易势，利息高低完全要看美联储的脸色，甚至美联储吹一点加息的风，都能让那些看起来很嘚瑟的私人银行掉层皮。毕竟，不是每家私人银行都能立刻从库中拿出1 000万美金（此处数字仅作为举例）。于是，私人银行就需向美联储"调货"，这便是银行同业拆借。

拆借当然不是免费的,是需要向美联储支付利息的,这样私人银行的资金不足问题得到解决,美联储也获得报酬,这便是一举两得、互惠互利。

美联储虽然处于支配地位,但它与私人银行之间,更多的是一种你中有我、我中有你的共存共赢关系。如果投资者想操作美国私人银行相关股票,就有必要关注美联储的政策动态。

他国加息，对我们会产生多大影响

一般来说，一个国家加息，会使本国货币升值，有利于进口。相对应地，其他国家的货币就会因此贬值，其经济在一定程度上会受到打击。如果一个国家经济实力强劲，就会有较强的抗打击能力，他国加息对其影响不大；而如果一个国家经济实力很弱，则会受到很大影响。

1. 资本外流

他国加息，一些资产为了规避风险或者获取投资收益，会把本国贬值的货币兑换成他国货币，来实现财富增值。

举个简单的例子。2012 年，日本银行借贷利率很低，一位日本友人便向银行借了 100 万日元，到越南去买了一栋小楼。从 2012 年到 2021 年，他每个月可以有 1 700 万越南盾（约 5 000 元人民币、9.6 万日元）的租金收入。用部分收入换回日元还日本银行利息后，还有盈余。

但是2021年后，日本银行忽然提高借贷利率（加息），这时候他就需要还更多利息，租房利润开始大幅下降，于是他便以500万日元价格卖掉了小楼，并将所有资金全部兑换为日元，回到日本。

在这十年中，这位日本友人什么都没做，便从越南赚走约1 552万日元[（500万–100万）+9.6万×12月×10年]。而从他手里买下这栋小楼的越南人，每月工资大概是420万越南盾。这样计算下来，他需要不吃不喝干够近18年才能把买房子的钱赚回来。如果这笔钱是向银行借的，那么花费的时间还要更久。

当这样的故事在越南大面积发生以后，越南国内的利润都会被类似这位日本友人这样的外资赚走。外资撤出，资金外流，越南的经济因此陷入困境。

而中国凭借自身优势，通过若干措施和利益吸引，可以阻止类似这位日本友人这样的外资流出。当外资继续留在中国市场，中国市场受到的影响就变小，企业的经营和人们的生活受到的影响也很小。

所以，可以毫不夸张地说，出生在一个什么样的国家，直接决定了你的幸福指数。像那种经济孱弱、人均GDP相对较低的国家，随着市场被逐渐抽干，本国人民就越发不敢随便消费，市场上的生意也会越来越难做，所有人都得勒紧裤腰带才能生活。

2. 通货膨胀

当他国加息对本国经济产生影响之后，一些国家自然要想办法应对。有的国家会通过加息以抵抗资本外流，有的国家则会降息以刺激经济。

2019年，土耳其在面对国外加息时，选择的就是主动降息向市场输送资金。但是，这个方法完全依赖于国家的家底够不够厚，能不能打得起持久战。土耳其就属于家底不厚的国家，所以市场上流通的钱虽然多了，但也很少有人会看好它的经济。于是，钱会慢慢缩水（土耳其2022年2月通胀率创下20年新高，其消费价格指数同比上涨54.4%）。

相比之下，如果这种情况发生在中国，我们就不用过于担心。因为我们国家的市场实力雄厚，虽然也会降息，但基本不会出现通货膨胀。比如，2022年1月、2月，中国新增社会融资7.36万亿元，比2021年同期增加4 800亿元，但是2022年2月人民币反而逆市上升（汇率升值0.83%）。很多外国人看到中国的力量后，毅然决然地选择将资金存在自己的中国账户上（2月外币存款增加297亿，比2021年同期高出9.6%）。[1]

所以，他国加息，中国市场不会受到很大影响。不仅如此，未来中国的经济，还会有更大的发展空间。

---

[1] 数据来源：中国人民银行官网。

美联储加息，对中国的房地产市场有什么影响

整个 2022 年，美联储前后加息了六次，美元随之走强，美元资产收益率也会上升，进而对非美货币造成贬值压力，人民币当然也不例外，中国经济随之会受到影响，如出现资本外流、国内资金流动性收紧等（如图 2-3 所示）。当人民币开始贬值，除了会对 A 股市场产生直接冲击，国内的房地产市场也会受到一定影响。

但是，美联储加息和人民币兑美元外汇即期汇率贬值对中国国际收支具有正向影响，并可以加强人民币兑美元升值的预期，这抵消了一部分美联储加息对人民币兑美元贬值的影响。而且中国国际收支持续顺差，可以吸引境外资金流入中国资本市场，从而使中国股市在美联储加息的情况下依然保持较稳定的成交量，也使中国经济保持良好的状态。所以从整体来看，这种影响在可控范围内。

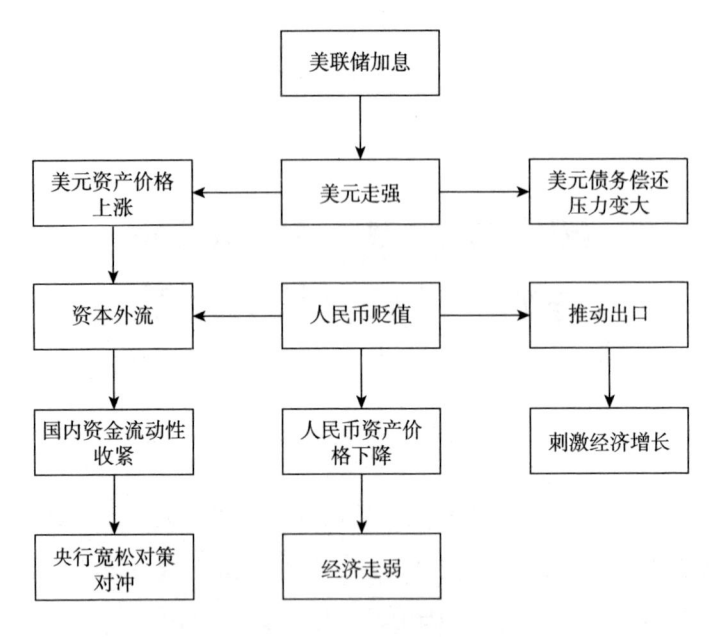

```
                    ┌──────────┐
                    │ 美联储加息 │
                    └────┬─────┘
                         ↓
  ┌──────────┐      ┌──────────┐      ┌──────────────┐
  │美元资产价格│ ←→  │ 美元走强 │  →   │美元债务偿还  │
  │   上涨   │      │          │      │  压力变大    │
  └────┬─────┘      └────┬─────┘      └──────────────┘
       ↓                 ↓
  ┌──────────┐      ┌──────────┐      ┌──────────┐
  │ 资本外流 │ ←─── │人民币贬值│ ───→ │ 推动出口 │
  └────┬─────┘      └────┬─────┘      └────┬─────┘
       ↓                 ↓                 ↓
  ┌──────────┐      ┌──────────┐      ┌──────────┐
  │国内资金流动│    │人民币资产价│    │刺激经济增长│
  │性收紧     │    │格下降     │    │          │
  └────┬─────┘      └────┬─────┘      └──────────┘
       ↓                 ↓
  ┌──────────┐      ┌──────────┐
  │央行宽松对策│    │ 经济走弱 │
  │   对冲   │      │          │
  └──────────┘      └──────────┘
```

图 2-3　美元加息对人民币及中国经济的影响

不过，在更早之前，美联储加息对我们的房地产市场的影响却是非常大的。下面就用一个形象的案例给大家来详细讲解一下其中的原委。

在很久以前，有两个村子，分别是A村和C村。A村中有很多小钱庄，它们全部由一家大钱庄管理，这家大钱庄不但可以印刷银票，还可以将这些银票借给各个小钱庄。当然，银票不是白借的，要收利息，A村的这个大钱庄就相当于美联储。

一般来说，当A村收成不好的时候，大钱庄就会稍微多印一些银票，然后再把小钱庄的利息人为地降下去。这时候，小钱庄就会加足马力，千方百计地将更多的银票借给A村的老百姓。结果时间一长，市面上的银票越来越多，银票开始变得越来越不值钱。原本买一个苹果只需要一张银票，现在则需要十张银票。A村的人一看，不能再这样下去，于是成群结队地去了C村。

C村的房子便宜，于是A村的人便用A村的银票囤了好多C村的房子，顺带囤了很多C村村长的欠条。总之，就是要在A村的银票贬值之前，在C村全部花掉。

随着市场的热度变高，C村的房子和村长的欠条的价格大幅上涨。看到村民们在外面把钱已经花得差不多了，A村的大钱庄就要起了阴招，开始把小钱庄们以前借钱的利息给逐步上调，以前小钱庄借1元还1.1元，现在借1元需还1.5元。这时候，小钱庄为了不吃亏，赶紧把村民借钱的利息也往上调。

于是，在外面玩了一圈回来的A村人，立刻把多余的钱存进小钱庄。随着利率越来越高，有些A村人便开始兜售C村的房子，快马加鞭地想回到A村。而C村的村民们只能眼睁睁地看着被A村村民炒高的房价瞬间跳水（大幅下跌），多年积攒的心血就这样被毁于一旦。

当然，这些都是过去的故事。随着中国经济整体实力的不断增加，现在我们已经学会在美联储"放水"时，紧紧地压住房价，把影响控制在最小范围内。

泰国和越南抬高米价，会带来什么影响

2018年以来，全球很多国家都开始面临粮食问题。"新冠"疫情在全球蔓延，导致劳动力短缺和供应链中断，已经影响到一些国家和地区的粮食安全。俄乌冲突更是让这种情况雪上加霜，尤其是谷物和植物油短缺问题变得越来越严重。

在这种情况下，越南和泰国作为排名世界第二和第三的大米出口国，相继提高大米的出口价格，此举将更加推高国际粮食价格，加剧全球粮食短缺。很多人因此产生疑问：此举会不会对我国粮食问题产生影响，我们要不要提前储备一些粮食？事实上，这完全没有必要。无论是储量还是产量，我国粮食问题都安全可控。

1. 粮价可控

中国有绝对实力对抗粮价上涨。自从国际四大粮商[①]被"修理"了一顿以后，已经没有哪个国家或地区敢在主粮这块和中国叫板。

2005年，美国本土遭遇了"科特里娜"飓风，小麦的产量直接缩水；欧盟也先后经历了洪水和大风暴的自然洗礼，小麦产量连年降低。

本来各国粮食都已经紧巴巴，可偏偏还有公司（主要是国际四大粮商）站出来，想发一笔不义之财。它们不但倾尽所有高价收进市面粮食，还将大量存粮直接制造乙醇燃料（乙醇），想把手里粮食的价格抬到一个新高度。

这四大粮商一下场，农产品的价格就直接起飞，但是，有两样农产品的价格却出现了异常，那就是咱们中国人的主粮——小麦和稻谷。

小麦和稻谷在芝加哥交易所中的价格，在各自迅速翻了3倍（小麦323%）、2倍（稻谷257%）后，市面上的数量不减反增。而且无论四大粮商如何抬价、如何扫货，这两种粮食就像没有尽头一样，从东北、黄淮海、长江中下游的粮仓中，

[①] 国际四大粮商，指美国的阿彻丹尼尔斯米德兰（ADM）、邦吉（Bunge）、嘉吉（Cargill）和法国的路易达孚（Louis Dreyfus），它们控制着全世界80%的粮食交易量。

源源不断地被送入市场。

中国究竟储备了多少粮食,没有人知道。中国在什么时候积累了那么多的粮食,也没有人知道。当时的世界只知道,那一年全球出现了普遍的饥荒,只有中国在无感中安然度过。

2. 产粮正常

2022年,中国粮食总产量为13 731亿斤,产量再创新高,比2021年增加74亿斤,增幅为1%,并且连续8年保持在13 000亿斤以上(如图2-4所示)。

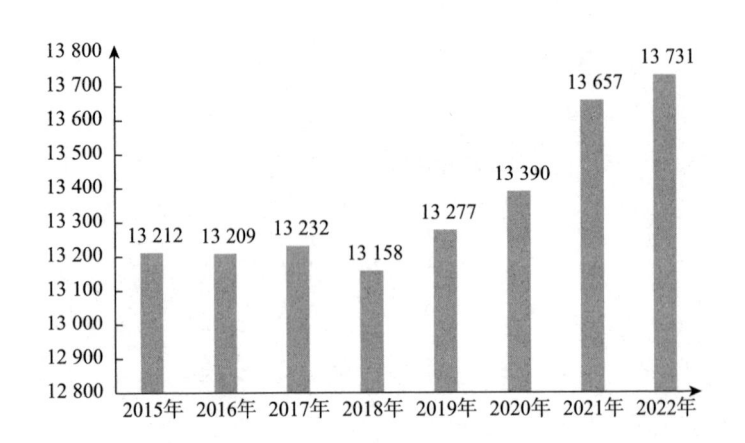

图2-4 2015~2022年全国粮食产量(单位:亿斤)[①]

---

① 数据来源:国家统计局。

2022年，全国夏粮和早稻产量分别为2 948.1亿斤和562.5亿斤，比2021年分别增加28.9亿斤和2.1亿斤。2022年全国秋粮产量10 220亿斤，比2021年增加42.5亿斤。

2022年，全国谷物单产425.3公斤/亩，每亩产量比2021年增加4.2公斤，增长1.0%。其中，小麦单产390.4公斤/亩，每亩产量比2021年增加3公斤，增长0.8%；玉米单产429.1公斤/亩，每亩产量比2021年增加9.7公斤，增长2.3%。[①]

很多国家之所以开始在粮食出口上做文章，其根源就是已经慢慢醒悟过来：和虚无缥缈的美元、英镑相比，能填饱肚子的粮食才是硬通货。

从2008年开始，中国已经证明自己在主粮领域的实力和地位。随着科技进步和社会发展，粮食产量更是每年逐步稳定增加，正如袁隆平老先生说的那样，咱们再也不可能有饥荒啦！

---

① 数据来源：国家统计局。

为什么美国宁愿倒牛奶，
也不愿打折卖

在100多年前，因为"一战"的关系，欧洲的工厂和经济变得一塌糊涂。当时，市场上需求的很多日用商品，比如脸盆、牛奶等，都只能向美国甩订单。需求量不断增加之后，美国很多养奶牛的农场主纷纷开始扩大产能，此后数年，牛奶产量持续增加（如图2-5所示）。

从表面上看，订单量增加，股市节节高升，美国的经济一片向好。但实际上，为了能够抢夺更多市场份额，各个厂商之间开始打起了价格战，这就造成了两个必然现象。一是产品价格需要不断压低，否则就会没有市场；二是产品数量盲目扩大，不扩大就付不起员工的工资。这样一来，当时美国全国牛奶的年产量直接飚升到了4 000多吨（1929年为4 180吨），价格则从100磅4美元以上（1927年价格为4.79美元）跌到了0.99美元（1933年价格为0.99美元），其中的利润甚至付不起运费。无数企业只能硬撑，奶农工资十年不涨，而当年拿着闲钱炒股的一小撮人富了起来。

这时候，欧洲的经济开始慢慢复苏，许多从美国进口的订单也开始慢慢取消。一部分美国富人开始抛售手上的股票，原本薄利多销的企业一下子产能过剩，进而资金链断裂，有些企业甚至直接破产倒闭。

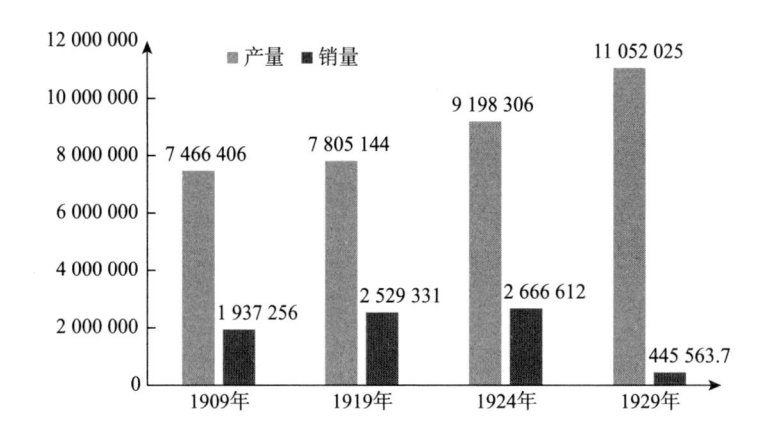

图 2-5 1909~1929 年美国部分年份牛奶产销量（单位：万加仑）[①]

当时正值 20 世纪 20 年代末期，美国经济危机波及范围扩大，各行各业都陷入了大萧条。很多工人失业，基本生活都陷入了困境。还有一些工人由于有欠款，最后连房子都失去了，

---

① 数据来源：美国农业部。

有些人因此只能在大街上流浪，甚至吃不饱饭、衣不蔽体。

按理说，市场上产量过剩的牛奶完全可以打折售卖，或者免费送给这些穷苦人。但牛奶厂商们并没有这么做，反而把很多牛奶都倒入了密西西比河。为什么呢？其实从上面的案例中，我们就可以看出一些端倪。

1. 增加成本

这种现象虽然让人难以理解，但其中蕴含着一定的经济学道理，因为如果不这样做，就会增加很多成本，进而造成更大的损失。

刚挤出来的牛奶只是原材料，是不能直接食用的，后续还需要经过加工、包装、运输、零售等，才能成为商品。而且，作为生鲜物品，牛奶的保质期很短。而当时的牛奶行业只有巴氏杀菌法，还没有无菌包装技术，所以牛奶最多可以在低温环境下储存七天。如果牛奶到期卖不出去也不倒掉，就要付出更大的成本来保存，比如加工费、工人日常费用、牛奶运输费用等。成本增加，工厂就会有倒闭风险。在经济危机背景下，工厂能够生存下去已经非常不容易，所以在这种情况下不如直接将牛奶倒掉，省心又省钱。

其实当时被直接扔掉的不只有牛奶，还有苹果，甚至一些家畜，比如猪，其中的道理是一样的。仅1933年一年，美国就有 640 万头活猪被扔到河里活活淹死，如果不扔进河里，就需要一直饲养下去，饲料、人工成本等会给工厂增加很大的经济压力。苹果也是如此，当苹果过剩，果农宁愿让苹果烂掉，也不愿贱卖。比如，一个苹果成本是 1 元，如果以 0.5 元一个贱卖出去，加上运输费、保存费和人工费，这时一个苹果的成本便远大于 1 元，果农就会严重亏损。但是，如果直接将苹果扔掉，或让它烂掉，亏损最多只有 1 元。

2. 存在其他潜在风险

把这些商品打折卖出去，或者免费送出去，除了会增加成本，也存在着一定潜在的风险。这种潜在的风险，严重的时候甚至可能会让农场主遭遇破产。以牛奶为例，如果将牛奶免费送给别人，万一有人因质量原因而吃坏肚子，或者身体出现其他问题，就有可能给农场主带来很大麻烦，比如要求赔偿等。所以，这也是农场主宁愿倒掉牛奶也不会打折或者免费送出的一个原因。

其实不仅是以前，即便是现代社会，很多商家往往也会选择将卖不出的商品销毁。一来，打折处理有可能会影响品牌声誉，给后期的销售带来阻碍；二来，免费赠送也会出现各种不可预知的风险。

懂得职场经济学

人生少走弯路

PART 3

职场人要懂的经济学思维

出国留学，回来更好找工作吗

在很多人看来，去海外留学镀金，无异于为找到更高端的工作奠定了基础。长久以来，事实也的确如此。但是从2019年开始，之后的海归和2000年左右的海归相比，已经不是一个待遇了，其中的原因主要体现在以下几点。

1. 留学人数增加

随着经济快速发展，国内出现了很多富裕家庭，出国留学的人数也开始激增。相关数据显示，从2000年到2007年，留学人数加起来不过121万，但是到了2019年，仅一年留学人数就达到70.35万[①]。2022年，即使受疫情影响，留学人数也超过了80万。

2016年以来，学成回国留学生数量和同比增速均在稳

---

① 数据来源：教育部。

步增长（如图 3-1 所示）。2007 年，留学生愿意回国的人数占比只有 26.4%；到了 2019 年，这一比例已经达到 82.5%；2022 年这一比例是 78.4%，虽有所回落，但仍处于高位。在人数变多的同时，留学生的整体质量却呈现下降趋势。有些人出国的目的就是镀金，对学业并不重视。

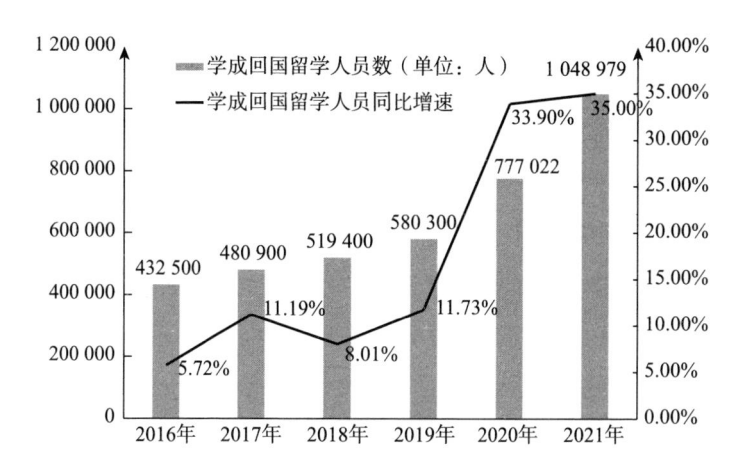

图 3-1　学成回国留学人员数与同比增速[①]

而国内企业给留学生提供的优先级岗位也一直在减少（2019 年：-25.4%；2020 年：-23.5%；2021 年：-0.4%）[②]；2022 年情况虽有缓和，但未见较大起色。

---

① 数据来源：国家信息中心、智联招聘。
② 数据来源：智联招聘《2021 中国海归就业调查报告》。

如此一增一减，留学生自然越来越不容易找到心仪的工作。

2. 入职要求提升

国内很多企业对留学生的要求也在逐步提高。比如，原来只要能够申请到国（境）外学历学位认证书①就可以直接上岗。而 2022 年，很多企业的要求是，留学生的学校是 QS 世界大学排名（QS World University Rankings）的前 200 名才可以。原来只要在国外读一年硕士就可以直接上岗，但是现在至少读两年才可以。

达不到企业的要求，也是留学生难找工作的原因之一。

3. 企业改变看法

国内教育水平已经大幅提高，国内学生与留学生的差距在逐渐缩小，海归的学历优势也越来越小，企业对他们已经没有以前那么大的期待。

青睐留学生的企业占比越来越小，2021 年已经下降至 25.9%，超过 66.1% 的企业主动摘下海归光环，将他们的简历

---

① 国（境）外学历学位认证书，指由教育部直属的留学服务中心为留学回国人员发放学历的认证书，以确保留学生在国外取得学历的真实性和完整性。它是留学回国人员升学、就业和参加各类专业资格考试的有效证明。

和国内普通院校毕业生的简历混在一起同等对待。在2022年，有46.5%的企业的HR（人力资源）认为，与疫情之前相比，留学生在国内人才市场上的竞争力在降低，只有24.62%的HR认为疫情后留学生的竞争力有提升。

4. 经济环境影响

2019年以来，有些企业经营举步维艰，因业绩大幅下滑而裁员。在这种情况下，找工作就变得困难起来，很多企业甚至缺少培养新人的成本。

2019年以后的留学生与2000年左右的留学生早已经不是一个待遇，好不好找工作、待遇如何还需靠自身实力，而不是留学生身份。

国内也好，国外也罢，前半生在哪里读书，只是抬眼看世界的角度不同而已，后半生的机会和命运还要掌握在自己的手里。

公司的干股和期权选哪个比较好

人才已经成为很多企业的"兵家必争之地",这一点毋庸置疑。除了高薪酬、高职位,干股和期权的激励成为企业招揽人才的另外一种武器。那么对于人才来说,干股和期权选择哪一个更有利呢?回答这个问题需要对这两个概念有一定的了解。

1. 干股

严格来说,国内其实没有干股这种股份,无论是出钱还是出技术,都会直接被计算到实股中。实股会在工商部门登记在册,持有人在一定程度上属于公司真正的老板,拥有一定的决策权。

而对应的干股,无须工商登记,合同在私下就可以签订,所以持有人对于企业的发展运营就少有决策权。而且干股合同往往只是一份分红协议,承诺获赠者在每年的利润中按照一定比例获得分红。但利润分红非常无奈的一点在于，年利润报多报少有时要看老板的心情，这样一来，干股持有人的利益便很难得到保障。另外，一旦企业经济效益不景气，利润就会下降，干股持有人的利益也会受到影响。

干股的收益不稳定，拥有它对企业也没有发言权，在选择时，要有心理准备。

2. 期权

与干股不同，期权是一种合约，它能赋予持有人在某一特定日期或该日期之前的任何时间以固定价格购进或售出一种资产的权利。一般来说，期权标的包括股票、政府债券、货币、股票指数、商品期货等。从不同的角度来看，期权的类型也有很多。

一家企业的期权激励方式通常是这样的：双方达成约定，若干年后持有人可以用1元/股的价格购买企业若干股股份（具体数值由双方商定）。但是，在这期间企业会有一个相当严格的绩效考核，持有人一个不及格就可能被"扫地出门"（具体情况需根据双方签署合约而定）。

期权属于长期激励范畴，持有股票期权在某种程度上就是购买企业的未来，企业在较长时期内的业绩会直接影响持有人的利益。

对于期权持有人来说，这种方式的风险在于：一是没有人知道企业未来的发展前景如何，如果企业无法发展起来或者倒闭，那期权持有人也会损失很大利益；如果公司在短时间内出现重大问题，那期权的收益可能还不如干股的。二是企业对股票期权信息的披露或许存在问题，如确认与计量粗略、公允价值确定方法披露不充分、部分公司实施盈余管理、自愿性披露内容较少或失真等，管理层有可能欺瞒期权信息，损害期权持有人利益，攫取个人私利。

综合来看，无论是干股还是期权，都与企业的经营状况息息相关。如果企业经营惨淡，或者企业最终没能上市，那么干股或期权，就是挂在小毛驴头上的胡萝卜，没有实际意义，过于重视它们，反而会给自己套上一层重重的枷锁。

如何看待金融行业热潮

自从"金融行业普通员工月薪八万"的新闻上了热搜之后,越来越多的人开始对金融行业感兴趣,认为只要进了金融行业,就可以实现年入百万、戴名表、开豪车、出入高档酒店的高端生活。于是,很多家长给孩子选择了金融专业,已经工作的年轻人也纷纷开始考虑,要不要重新读个金融,然后转行到金融行业。

其实,这些想法是对金融行业的严重误解。在这个行业中,如果没有一定的社会背景或者极强的个人能力,想拿高薪基本上不可能。

1. 金融行业里并不是所有人都是高薪

金融行业是一个大类行业,从业人员之间待遇差别很大,对于像银行柜员这类普通职员来说,从业十几年,扣掉五险一金,再加上高温补贴、各种奖金,工资很可能也就数千元，这还是在必须完成存款任务之后才能拿到的，而更多时候，即使全家出动，他们也未必能完成存款任务。

当然，在金融行业里，不同的岗位，薪酬也有所差别。比如风控岗位，月薪普遍可以过万元。这些人才如果到了其他行业，收入很可能会翻上几番。但是相对来说，像银行柜员这类普通职员的工资基本上要低于制造业的一般管理岗位。

说穿了，很多选择留在金融大系统里的人，追求稳定要高于追求收入。所以在进入这个行业之前，一定要做好降薪的准备。

2. 高薪岗位并不一定是金融专业科班出身

很多月薪8万元的金融岗位，不一定都是金融专业出身。比如，在新能源行业很火时，很多风投或私募企业也会开出8万元甚至更高的月薪，从工厂挖应用化学、锂电材料类硕士或博士。当年房地产行业火爆之时，也有很多城乡、园林专业的人才被吸纳到金融行业。

如果自身能力很强，无须转行也可以在非金融行业拿到高薪。

3. 行业内部竞争激烈

金融行业中的券商和基金这块，薪资虽高，但竞争非常激烈，可谓千军万马过独木桥。很多金融企业的要求都是名校博士，而且本科学校至少是"清北复交"。此外还要有金融行业的工作经历，"小白"基本不在他们考虑之列。

就算能满足上述条件，也无法保证百分之百就能进入券商或基金行业。通常金融行业员工平均年流失率在30%以上，而且从业者大多要面对临时加班和超负荷工作的压力。

另外，金融行业薪资分化非常严重。不同金融系统，薪资相差很大。比如，券商、基金系统的薪资处于行业顶尖水平，尤其是投行和基金经理，年薪至少百万元。但是银行与保险系统薪资要低很多，如果业绩很差，月薪甚至可能只有三四千元。同一系统不同岗位层级，薪资水平同样相差很大（如图3-2所示）。

所以，并不是所有人都适合学金融、做金融。找工作时，最好从个人兴趣和能力出发，如果不适合某行业就不要硬往里闯，否则受伤害的只能是自己。

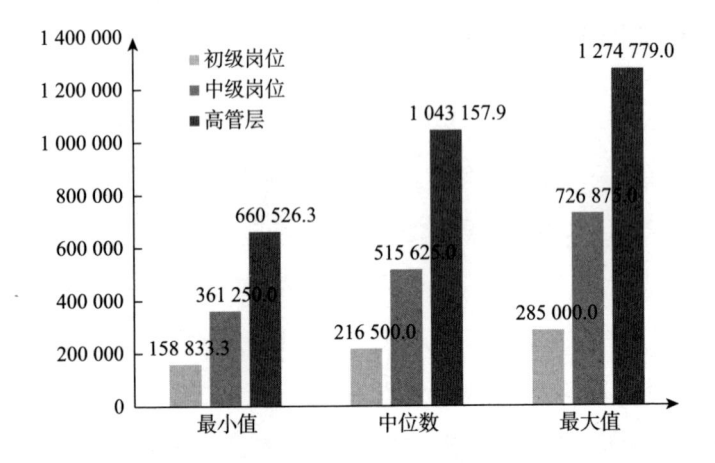

图 3-2　2022 年中国金融行业不同岗位年平均薪酬（单位：元）[①]

[①] 资料来源：Michael Page 发布的《2022 年中国金融行业的薪酬报告》。

为什么很多公司不许员工私下谈论工资

在人力资源学中，有一个模型叫"偷懒模型"[①]。它研究的是如何能够让员工在上班时不会"摸鱼"，自觉自愿地把自己掰成几个人来用，让老板尽可能地省下其他员工的工资。但是，如果没有补偿，或者企业向所有员工发放无差别的工资，将促使所有员工的努力程度向企业的最低要求收敛，没有人愿意付出超额的努力。

在现实中，干扰员工积极性的因素有很多，比如企业的裁员传闻、被发现"磨洋工"的概率、辞职前后的收入对比等。但是解决方法非常简单，就是加薪，将工资水平升高到一个远超同行的位置。

这样做以后，即使员工愿意以更低的工资去其他公司上

[①] 偷懒模型，又称怠工模型，它认为传统的劳动力供给理论以小时单位或一些其他个人供给时数作为测度量并不符合现实。

班，那么这家公司的老板也会认为这个员工是为追求安逸才来的，在心理上和满意度上，对他的印象就会大打折扣。所以很多外企都会把员工的工资和其他待遇给到一个相当夸张的地步。

但是很多小企业老板不是很愿意主动提高员工工资，他们更倾向于"偷懒模型"的另一边：禁止谈论工资。其中的原因主要体现在以下几点。

1. 保持竞争力

对工资进行保密，可以说是很多企业的一个默契。禁止员工私下谈论工资，员工就不会知道公司其他人和同行业其他公司员工的工资水平，进而可以模糊员工对同行业收入、平均薪资的大概了解，以降低他们的离职意愿，由此员工会专注工作，不找企业麻烦。

这样做，对于工资水平相对较低的企业来说，可以在一定程度上留住人才，保持竞争力。

2. 防范隐私制度泄露

禁止员工谈论工资还涉及企业的发薪制度，通常薪资保密（密薪制）是很多企业的制度规定，有时甚至是一条红线。而且工资也是员工的一种隐私，过多讨论会曝光个人隐私，所以很多企业会禁止员工私下互相谈论工资。

3. 减少员工矛盾

出于一些复杂的原因，其中涉及个人能力、人脉资源、经验和经历等，一家企业同样岗位的员工也可能有不同的薪资。如果刻意去讨论和比较，工资低的人心里就会感到不平衡。久而久之，员工和员工之间、员工和公司之间很容易产生隔阂和分歧，这对企业的发展和运行非常不利。所以，对于由工资产生的问题，最好的解决方法就是淡化它、忽略它。

禁止员工谈论工资对企业有着诸多好处，但是从员工的角度来说，在这件事上最好多留一个心眼。如果有机会，可以去参加同行企业招聘会，了解整个行业的薪资水平，这样不仅可以扩大自己的人脉，还可以给自己的身价做一个竞争力小测验。

为什么不干活的人总比
干活的人活得滋润

不知道你有没有发现,在现代职场中有一个很普遍的现象,就是不干活的人反而比干活的人活得更滋润。所以,有能力的员工往往都是最先一批跳槽的人。

其实仔细想来,员工离开无非两方面原因:一是企业原因,给得不够多;二是自身原因,想寻求更大的发展前景。

1. 待遇分配不合理

经济学中有个理论叫智猪博弈,是博弈论中一个著名的纳什均衡的例子。假设一个猪圈里有一大一小两头猪,如果在它们的食槽对面(距离很远)安装一个踏板,踩一下(需消耗 2 份猪粮)就能从食槽中跳出 10 份猪粮,那么有趣的事情就会发生了。

如果大猪跑去踩踏板,小猪等待,等它回来时,还会剩有

6份猪粮（其他4份被小猪吃掉），除去运动燃烧的卡路里（2份猪粮），大猪能够勉强维持不饿，此时大猪与小猪剩余食物的比例是4∶4。但如果小猪去踩踏板，大猪等待，那等它回来时，就只剩1份猪粮，猪粮几乎都被大猪吃完了，此时小猪则会挨饿，此时大猪与小猪剩余食物的比例是9∶(−1)。所有组合情况如表3−1所示。

表3−1　智猪博弈模型组合情况

		小猪	
		行动（按控制按钮）	等待（先进食）
大猪	行动（按控制按钮）	5　1	4　4
	等待（先进食）	9　-1	0　0

时间久了，再勤快的小猪也不会去踩踏板，因为最坏的情况无非就是大家一起挨饿，自己还可以省去跑来跑去的力气。但对于大猪来说，跑去踩踏板才有饭吃，不跑就只能饿着。

所以，很多部门或企业，尤其是那些过于讲究部门绩效、团队绩效的企业和部门，有能力的员工往往都会第一个跳槽走人，因为这种分配猪粮的方法非常不合理。在一些人事和老板眼里，团队需要有人拖后腿甚至演戏来维持稳定，但这样做只会加速企业人才的流失。

2. 寻求更大的发展前景

一般来说，有能力的员工对自己的职业生涯都会有一个清晰的规划，什么阶段应坐到什么样的位置、下一步该如何发展和去哪儿发展等，都会有明确的目标。

能力强的人发展得也快，如果当前的企业无法提供平台、人脉、资源上的优势，他们大多就会开始考虑跳槽，去寻找更大的舞台大展身手，正所谓浅水藏不得蛟龙。尤其是对90后员工而言，个人未来发展是他们求职最看重的三大因素之一。而且，对于这些能力强悍之人，各家企业都会抢着要，他们跳槽非常容易。

所以，企业管理者应当明白，优厚的待遇是吸引员工的原动力，没有人会长时间容忍不公平的待遇，想留住有能力的员工，就要付出相应的"代价"。

为什么越来越多的公司不鼓励员工加班了

在互联网行业鼎盛发展的那些年,"九九六"几乎是行业的普遍现象,当时很多行业也纷纷加入其中,加班对于很多职场人来说已成为家常便饭。但是,在许多企业裁员潮的推动下,无论是企业还是员工,都很焦虑,对于"九九六"表示不满和无奈。随着员工因加班而导致身心创伤的案例越来越多,"九九六"等加班形式开始被反复诟病,越来越多的公司不再鼓励员工加班。除了这个原因,企业不再鼓励员工加班也有着其他方面的考量。

1. 提高效率,减少内耗

在企业管理中,很多管理者都会面临这种难题:员工互相不信任,只顾追寻自己的利益,从而导致整体效率下降,无法达成高效的团队协作,企业效率下降,企业的竞争力也随之下降。

这种现象就是囚徒困境①,两个囚犯的合作程度越低,最后双方得到的结果就越差(如表3-2所示),而加班就是企业陷入囚徒困境的一个原因。

表3-2 囚徒困境的不同组合

	同伙保持沉默(合作)	同伙认罪(不合作)
我保持沉默(合作)	我入狱3年,同伙入狱3年(赢,赢)	我入狱10年,同伙入狱0年(输,赢)
我认罪(不合作)	我入狱0年,同伙入狱10年(赢,输)	我入狱7年,同伙入狱7年(输,输)

举个例子,一个企业来了两个实习生,他们都想转正留下来。人事分别对他们说,如果都不愿意加班,留下的机会都是50%;如果一个愿意加班,一个不愿意加班,那么愿意加班的可以直接留下;如果都愿意加班,留下的机会都会提升到60%。

接下来会发生什么?当然是两个实习生都开始拼命加班。

但是对于他们来说,这种选择反而可能是三个结果中性价比最低的:付出自己全部的休息时间,却没有得到任何可以留下的确切保障。

———
① 囚徒困境,指两个被捕的囚徒之间的一种特殊博弈,说明即使合作对双方都有利时,保持合作也是困难的。它是博弈论的非零和博弈中具有代表性的例子,反映个人的最佳选择并不是团体的最佳选择。

当这种无序加班情形蔓延开来，本来可以在下班前完成任务的老员工，也不得不降低工作效率，将一小时的任务拖到三个小时完成。当"磨洋工"的员工逼走了干实事的员工，企业离关门恐怕就不远了。

这就是一个非常典型的囚徒困境，当每个人都在追求自己的利益最大化时，集体收益反而会被压缩到无限小，如此每个人能分到的蛋糕也不会大到哪里去。所以，真正聪明的老板往往会赶着有本事的老员工早点下班。

2. 节约成本

不同的发展阶段，管理者关注的重心也会不同。企业发展的最初阶段，大家干劲十足，这时适当的加班就起到了正面作用。而如果企业的业务已经成熟，大家的相关知识技能已经达到上限，每日的工作内容本就枯燥重复，再加班就会打击他们的积极性，加班就起到了反作用。

达不到目的的加班只会徒增各种成本和开销，并加剧员工自身内耗，这时调整或者取消加班反而是在减轻企业管理的负担。

加班不是一个企业应有的常态，企业更应关注的是员工的工作效率，而不是工作时长。

如何面对公司裁员

受疫情影响，从 2020 年到 2022 年，很多中小企业倒闭破产，即使是大企业，日子也不好过。在这种情况下，裁员甚至是大规模裁员便成为常态。而对于外出打工的人来说，最担心的就是这种情况，因为失去工作，很可能就意味着无法在这个城市立足。

车到山前必有路，即使被裁员也不用过于忧虑，因为从 2018 年开始，越来越多的人开始主动选择返乡工作。而一系列的事实也证明，在家乡的省会城市或三线、四线城市，或许可以生活得更好。

国家统计局数据显示，2018 年，农民工的增速已经降到了 0.6%，只有 2010 年的 1/9（5.4%）左右。到了 2020 年，农民工的增速更是第一次出现了负值（-1.8%）。这也就意味着，哪怕仍然有源源不断的年轻人为了自己的梦想去大城市打拼，但是选择离开城市回到家乡的人数可能还要更多一些。

与此同时，越来越多的人都开始选择在家乡的省内找工作。2020年，跨省外出的打工人有7052万，和2019年相比减少了456万人，而在省内就业的打工人达到9907万人，占外出打工人总人数的58.4%，和2019年相比，又多出了1.5%。①

从区域来看，东部、中部、西部省内就业农民工占外出农民工的比重分别比2019年提高1.6、1.3、1.8个百分点。

难道大家对赚钱都不感兴趣了吗？

当然不是。其实这几年，中部、西部地区就业的农民工的工资和东部地区就业的农民工的工资的差距已经逐渐缩小。相关数据显示，2020年，东部（包含天津、河北、江苏、山东、广东等）农民工的平均工资是4351元/月，中部（包含山西、河南、安徽、江西等）是3866元/月，中间相差的这几百块钱，根本覆盖不了东部的生活成本。

所以，从2018年开始，东部地区的外来工缩减得相当厉害，直到2020年年底，东部地区的农民工和上一年相比减少了568万人，下降了3.6%。和2019年相比，中部地区的农民工增加了4万人左右，西部地区的农民工更是直接增加了106万人（如表3-3所示）。②

---

① 数据来源：国家统计局《2020年农民工监测调查报告》。
② 数据来源：国家统计局《2020年农民工监测调查报告》。

表 3-3 2019年、2020年农民工地区分布情况（按输入地分）

	2019年（万人）	2020年（万人）	增量（万人）	增速（%）
东部地区	15 700	15 132	-568	-3.6
中部地区	6 223	6 227	4	0.1
西部地区	6 173	6 279	106	1.7

很多老家在东边的人甚至开始主动往西边靠拢，后来大家发现，回到中部、西部地区也许自己反而能存下一些积蓄。

所以，面对裁员没必要过于忧虑，就算真的被裁员也没有什么大不了，也许回到老家，反而能享受到更美好的生活呢。

PART 4

商业模式里的经济学原理

供应链 ABS 是什么

2021 年以来，仿佛事先约好的一般，很多房地产开发商都开始通过供应链 ABS 进行融资，比如龙湖拓展、绿城地产、美的置业等，纷纷在上交所发行供应链 ABS 产品融资。

房地产开发商融资已属司空见惯，但通过供应链 ABS 融资，大家还很陌生，心中不免产生疑问：什么是供应链 ABS？鉴于供应链 ABS 发行规模最大的是房地产行业，下面就以房地产行业为例，为大家详细解读。

有个房地产开发商（企业原始权益人）拖欠包工头（应收账款债务人）款项，便给包工头打了欠条，但是年底的时候，包工头手下的农民工因为要拿钱回家过年，都开始跟包工头要账，包工头没办法，只好再去找开发商。这时候，隔壁老王（计划管理人）站了出来，他觉得开发商人品还行（信用评级高），就让开发商把欠包工头的物料列出清单，再写几份付款确认书之类的文件，然后把开发商手上的欠条照单全收。

隔壁老王在这时候愿意拉开发商一把，那必然是有利可图，开发商得给人家打折才行。于是，票面上写着800万元的欠条就被换成了700万元的现金。这样一番操作下来，包工头就有钱给手下的农民工结账了。

接下来，隔壁老王开始动用自己的人脉，和银行（托管银行）、保理公司这些机构合作，拿着欠条共同开发出一款叫"××专项计划"的金融类产品，再推销给各大机构和有钱人，让他们来投资，这就是供应链ABS的大概运作流程（如图4-1所示）。

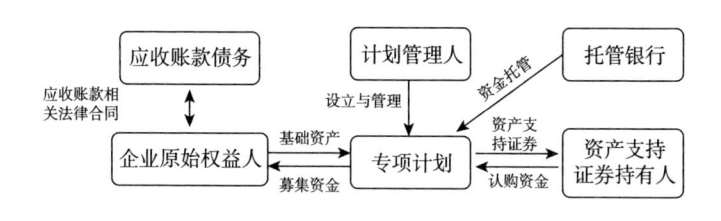

图 4-1 供应链ABS交易结构

正常来说，这是一个三赢的局面，老王可以赚取利润，开发商的资金紧张情况得到缓解，而包工头得到回款。

对于隔壁老王来说，既然他只花费700万元的成本就套走了标价800万元的欠条，那么控制风险和打折、分红这些套路自然也玩得很溜，很多机构和个人为了投资收益也会参与其中，如此就把整个ABS项目的池子抬得越来越高。这也是市场供应链 ABS 的规模逐年扩大的一个原因。

在一些行业外的人看来，800 万元的款，700 万元出，开发商如此亏损，难免有些悲剧。但是，开发商可没有这么良善，这样做对他也有相当好处，换了债主就可以推延还款日期。

其实，开发商在签付款确认书的时候，就已经帮包工头把一些可能产生的亏损加在利润中。而隔壁老王只不过是一个通道，并不能保证到期以后开发商会真的还钱。在此过程中，开发商更是绕过了头顶的"电子眼"，反正都是欠别人的钱，走个流程、换个债主就可以把还钱的档期向后延长，而自己就可以拿着滚烫的热钱开发更多的新楼盘，收上更多期房的定金。这就是为什么有越来越多的开发商青睐发行供应链 ABS 产品。

但是，债主换了，开发商无法还款的风险依旧还在。所以，在整个流程中，最终的风险几乎都被转移到购买期房的业主和看好开发商的公司及个人头上。

一旦开发商多个供应链 ABS 项目集中到期，而其又没有偿还能力，就会出现各种违约，这些项目也会随之相继爆雷，这不但会让盲目扩张的期房变成烂尾楼，还会影响到当年看好房地产的各行各业，即使白酒企业都不能幸免。

总之，供应链 ABS 在融资方面虽有一定优势，但其风险性不可忽略。

公司欠款总额超过了注册资金，该怎么办

创业开公司有赚就有赔，有的亏损还会很严重，甚至出现资不抵债的情况。这时候，一方面可以通过申请破产来解决，正常情况下，个人不承担责任或者承担有限责任。另一方面，当有特殊情况时，也可以向相关部门求助，根据实际情况进行解决。

1. 申请破产

当一家公司欠款总额超过注册资金时，可以向法院申请破产，由清算组接管进行清算以偿还债务。一般来说，破产之后将以注册资金的金额作为债务补偿的底线，即注册资金是多少，就偿还多少债务。

举个例子，某人开了一家有限责任公司，注册资金为10万元，结果公司因经营不善而倒闭。但是在公司倒闭时，他

发现账上还有50万元的欠款（公司已经没有任何资产），理论上他只要偿还注册资金10万元的欠款就可以了。

所以，当公司所有资产都不足以清偿债务时，出资人不需要继续承担赔偿责任，也不需要其他合伙人按比例继续清偿债务。

2. 寻求外援

当然，就像上面说的，公司破产时理论上只需要偿还注册资金等额的债务即可，但现实中往往并非如此。还是以上面那家破产的公司为例，如果注册资金只有10万元，那么银行能够直接批的信用贷款额度（不需要抵押）大概率不会超过3万元。如果这家公司还想多借一点，一般就只能拿房产或车去抵押，有时即便这样，一些银行和民间机构还是会让借款人再补签一份承诺书，对所借全款承担连带责任。

有些不上路的民间机构甚至还会把一些超额的利息、自己的返佣全都放在本金中，和借款人一起签一份个人借款合同。所以，一家公司在资金来源这方面，老板的个人财产和公司的财产就很容易混在一起。

如果公司赚了钱，老板一般会选择将车和房产买在公司名下，这样就可以冲抵一部分利润，少交一些税。但是如此一来，如果公司出现欠债，老板就需要用个人财产偿债，如果负债很多，老板倾尽所有可能都无法还清，最后不仅房产和车都要拿来抵债，自己甚至可能流落街头。

所以在这种情况下，很多老板会选择提前跑路。但是跑路解决不了问题，反而会让问题更严重。这时候最好的办法就是积极面对，如果自己实在无力解决，可以寻求相关部门的帮助。

国家为此也出台了很多解决办法，比如2021年3月，我国首部个人破产法规《深圳经济特区个人破产条例》正式施行。为了让大家更清楚地了解此条例的解决方案，下面以此条例施行以来的第一宗裁定批准个人重整计划的案件来进行说明。

债务人当时申报的负债约为75万元，他工作以后，每月的收入约为2万元。有了足够的收入后，法院同意债务人适用重整程序，并与债权人制订了一份分期还款计划。根据该计划，债务人家庭除了每月用于基本生活的7700元以及一些生活生产必需品作为豁免财产外，其他收入均需用于偿还债务，直至债权人的本金被100%清偿。

而且按照条例规定，在法院受理债务人的个人破产申请当日，债权人需要停止计息，这样债务人就可以免于偿还利息和滞纳金，更有利于激励债务人还债。

如果债务人不能执行重整计划，债权人则有权向法院申请对其进行破产清算（如图4-2所示）。再比如，江浙沪一带的和解协议和调解书，由法院出面向银行打招呼，将彼此的损失都降到一个大家都能接受的范围内。

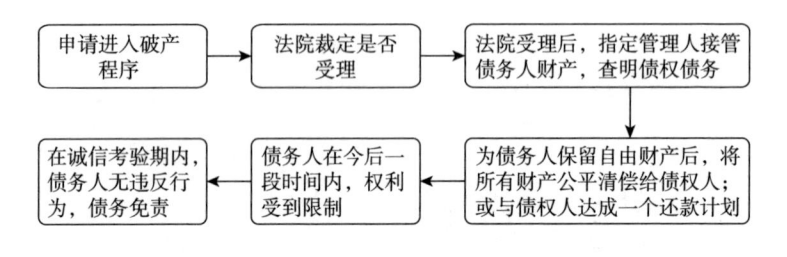

```
申请进入破产程序 → 法院裁定是否受理 → 法院受理后，指定管理人接管债务人财产，查明债权债务
                                              ↓
在诚信考验期内，债务人无违反行为，债务免责 ← 债务人在今后一段时间内，权利受到限制 ← 为债务人保留自由财产后，将所有财产公平清偿给债权人；或与债权人达成一个还款计划
```

图 4-2　个人破产程序

但是无论哪种情况，债务人都不要试图转移资产，更不要恶意隐瞒，否则只会让后果更加严重。

开家奶茶店，是选择高定价还是选择低定价

近几年，随着奶茶成为都市年轻消费群体中的新宠，开一家奶茶店便成为很多人眼中的商机。虽然奶茶店普遍规模很小，有的甚至只有几平方米大小，但是其中的门道可不少，如何定价便是其中一个非常重要的问题。

一杯饮料是卖 30 元，还是卖 6 元？定价的多少，取决于你想吃哪一碗饭，是"资本饭"还是"加盟饭"。

1. 资本模式

如果想吃资本这碗饭，那就卖 30 元一杯，因为你需要靠一些与众不同的概念来吸引投资人。比如，用真茶叶代替奶茶粉（"新式茶饮"概念）；比如，花费百万元装修门店，产品原材料好、店铺环境也好，单价自然要高。但是，炒这种概念的经营方式非常烧钱，仅摊匀成本一杯饮料就需要十几

元（奈雪的茶招股说明书显示，截至2020年9月30日的9个月，其原料成本占总营收的38.4%，员工成本占总营收的28.6%，租金开支及物业管理费占总营收的15.2%）。

如此高的成本，仅凭卖奶茶来赚钱基本很难。所以就连在"2022中国茶饮十大品牌"中排名第三、2021年6月上市的奈雪的茶也一直挣扎在亏损边缘，2021年亏损1.45亿元，2022年仅上半年就亏损2.49亿元（如表4-1所示）。而且奈雪的茶只做直营不做加盟，无论如何都不敢把格调降下来，就是怕自己的估值受到影响。它能够一直坚持，基本是在靠投资人的钱续命。

表4-1　奈雪的茶2018~2022年上半年净利润情况[①]

年份	2018	2019	2020	2021	2022（上半年）
净利润（亿元）	-0.566	-0.117	0.1664	-1.45	-2.49

所以，像奈雪的茶这种走资本模式的奶茶店，就必须走高端模式，单价高，服务好，它才能够存活下来。

2. 加盟模式

如果你没有金融圈的资源，最好还是老老实实做6元钱的

[①] 数据来源：奈雪的茶财报。

奶茶，价格尽量往低压，选址最好靠近大学，薄利多销也能够赚到钱。比如，在"2022中国茶饮十大品牌"中排名第一的奶茶品牌，就是3元一个甜筒的蜜雪冰城。

看到蜜雪冰城赚钱，很多人便想到了加盟。但我想说的是，加盟有风险，进入需谨慎。在经济市场，卖铲子永远比挖金子要赚钱。比如，像蜜雪冰城这类还算"上路子"的品牌也需要很多投入：保证金2万元，每年的加盟费需要1万元左右、管理费需要4800元、咨询服务费需要2000元，首次投入的设备费用约8万元、装修费用约8万元，每月经营所需的原材料、物料费用6万元起，以及房租等费用10万元起。林林总总各种费用加起来，没有三十几万元几乎无法开张。

而且，这类品牌方对于加盟门店的营业额、进货渠道都有硬性规定，如果干不好，合同到期后，就会让你关店走人，你前期的投入就全部打水漂。

这样一看，加盟其实就是在给品牌方打工，一个月到手不过六七千元（各地均有不同），赚的可能还不如外卖小哥多，而且还费心费力。

甚至还有一些不上路的快招公司①，可能会直接打着加盟的幌子，骗商家签一份几万元甚至十几万元的运营指导合同

---

① 快招公司，指短时间内利用各种手段包装打造出一款品牌"爆品"，大规模快速招商以获取巨大加盟费等利益，但后期服务支持完全没有的加盟公司。

（因为这些快招公司往往不具备特许经营的资质）。收钱以后，这些快招公司马上走人，让商家独守店铺自生自灭。

所以，如果真想开一家奶茶店，一定要做好前期的市场调研和未来规划，切忌贸然投入。

为什么房地产开发商喜欢开物业公司

一般来说，一个小区，房地产开发商负责建筑和销售，物业公司则负责小区的安全、卫生，以及后续日常水电气设施的看管维护。它们虽没有很大关系，却分工明确，互相配合，服务小区的业主。

但是2015年以后，这种情况发生了变化，市场上越来越多的房地产开发商都开始设立自己的物业公司，然后选择自己的物业公司进行小区后续管理，比如中海地产的中海物业、万科集团的万科物业等。

俗话说，无利不起早，房地产开发商之所以要创建物业公司，自然是因为其中大有甜头。

1. 抵押贷款

在2017年以前的很长一段时间里，物业公司在建筑行业内的外号都是"现款奶牛",收取物业费可以给房地产开发商带来很大的现金流。收入稳定、可以不断预支各种开销的物业公司,简直就是房地产开发商的大号救命稻草。

除此之外,房地产开发商通过资本运作还可以将物业公司作为抵押物来贷款。

举个例子,很多房地产开发商都喜欢玩存单质押[1](通常为第三方存贷质押[2]),通俗来说,就是让母公司先成立一家空壳公司,而这家空壳公司里真正上班的或许只有一个门卫大爷和一个保洁阿姨。

然后房地产开发商让他们去银行借款,银行看到公司人数这么少,于是就和大爷大妈讲:"如果你们真的想借款,需要找其他人做担保。"

这时,收入稳定、账上趴着几十亿元甚至几百亿元的物业公司就显示出作用了,它可以为大爷大妈(第三方)做担保。物业公司可以将业主们未来一年乃至二十年的各种预支款项(一般会以定期存单的形式)抵押给银行(如图4-3所示),银行核实后就可以放款给大爷大妈。当大爷大妈还不上时,银行就会直接从抵押的款项中扣掉。

---

[1] 存单质押,指借款人以贷款银行签发的未到期的个人本外币定期储蓄存单(也有银行办理与本行签订有保证承诺协议的其他金融机构开具的存单的抵押贷款)作为质押。

[2] 第三方存贷质押,指企业在商业银行协议存款后,为第三方从商业银行贷款提供存单质押,作为第三方贷款的第二还款来源。

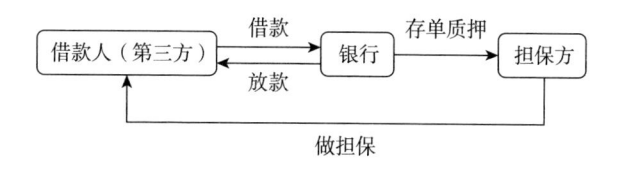

图 4-3 第三方存单质押贷款示意

这样做既可以绕开和母公司的直接关联，让挪用款项变成商业行为，又可以满足银行对存款任务的考核。而且，预支款项是一种非常优质的抵押物，因为再没有比钱更硬的抵押物了。所以，银行能批下来的借款比例也不会很低。

于是在以前很长时间内，很多房地产开发商就这样靠物业公司源源不断的"供奶"存活下来。但也正因为这样，很多物业公司难免会有些外强中干，毕竟小仓库早就被掏得一干二净。所以这些年，我们经常会看到某某物业公司的收购计划忽然中止的消息，毕竟接盘的也不是傻子，账一翻就都能明白。

2. 其他各种收入

物业公司与房地产开发商同属一家公司，对业主来说，房屋或者其他地方出现问题，与相关方沟通起来更加方便和顺利，不用担心会出现被房地产开发商与物业公司相互推诿而找不到解决方的尴尬局面。

而且物业公司有权实行多种方式的经营模式，以其收益补充小区的管理经费。比如停车位收入，通信运营商入场费、基站占地费等通信运营管理费用，在小区楼道、电梯间、外置广告栏等地方进行广告招商获取的广告费用。对于物业公司来说，这都是可观的收益。

所谓"肥水不流外人田"，既然物业公司有这么多好处，房地产开发商自然要自己开物业公司了。

为什么好多房地产开发商动不动就欠几万亿元

一提到房地产开发商,很多人脑海里立刻就会联想到"财大气粗"这个词。的确,房地产开发商很有钱,尤其是在房地产火爆的那些年。但事实上,房地产开发商用来盖房子的钱多半不是自己的,而是从银行办理的贷款,所以我们经常会在新闻里看到"××房地产开发商负债几万亿元"。

房地产开发商之所以随随便便就负债几万亿元,主要是因为房地产开发商借钱的方式跟老百姓是不一样的,但是能不能笑到最后,还要看这些房地产开发商懂不懂得见好就收。其实房地产开发商动不动就欠几万亿元的根源,还得从2008年说起。

2008年,美国因为次贷危机发生金融海啸,全球市场都受到了极大影响,很多欧洲国家穷到几乎破产,因此我们对这些欧洲国家的出口便大幅缩减。

为了保证老百姓的生活，2009年，我国提出了"一揽子计划"，刺激国内消费，房地产就是从那个时候开始火爆的。但当时，银行的各种条条框框都被卡得很严，不可能直接给房地产开发商"放水"，所以它们便和信托公司搞起了"串联"。

首先，房地产开发商跟信托公司共同打造出一个信托项目，然后由信托公司来发行出售。等到信托公司有了资金后再借给房地产开发商来盖房子。慢慢地，券商、基金、保险等都参与进来，一部分房地产开发商就这样赚到了"第一桶金"。从2008年到2013年完工的房子，基本上都是用这笔钱建起来的。

后来，金融环境开始逐渐收紧，有些"聪明"的房地产开发商开始从狂热走向冷静，甚至借着市场的热度卖掉了部分资产，用来还债脱身，这批房地产开发商是真正赚到钱的人。但另外一些房地产开发商就没有这个觉悟了，它们开始和信托公司合作。比如，它们先开几家空壳公司，通过这些空壳公司来购买自己和信托公司合作发行的信托产品，再把信托产品的收益权转卖给其他金融机构。有些房地产开发商甚至会让A银行把钱借给B银行，然后让B银行来买自己的信托产品。就这样，很多理财产品就像俄罗斯套娃一样，把所有问题都包藏起来。

但纸终究包不住火。当空置的房子越来越多，房地产开发商积累的债务也就越来越大。直到2018年，《关于规范金融机构资产管理业务的指导意见》慢慢落地,要求向上要一直能查到出资人是谁,向下要一路能查到资金被用到了什么地方。这时候,银行端口骤然收紧,房地产开发商积累的债务就这样被瞬间曝光。而从2016年"房住不炒"的政策提出之后,房地产市场的辉煌已经成为明日黄花。2017~2022年商品房销售额增速逐步放缓,仅四年时间,商品房销售额增速从2018年的12.2%下降至2022年的–26.7%(如表4–2所示)。这时候房地产开发商想要还债自然比过去要付出更多的代价,所以房地产行业内开始频频"爆雷"。

表4-2 2017~2022年全国商品房销售额及增速[1]

年份(年)	2017	2018	2019	2020	2021	2022
销售额(万亿元)	13.37	14.99	15.97	17.36	18.19	13.33
增速(%)	13.7	12.2	6.5	8.7	4.8	-26.7

当然,这些万亿元的欠款不仅仅属于房地产开发商,也属于包括信托在内的金融行业,当年一起"吃肉"的那些人,自然也要一起承担后果。

---

[1] 数据来源:国家统计局。

为什么德国的工业很强

在购买各种设备的时候,你会发现,德国品牌简直就像标杆一样戳在那里。比如买车时,绕不过大众、宝马和奔驰;买洗衣机时,绕不过西门子;玩摄影,绕不过蔡司和徕卡;养宠物,绕不过拜耳,这些统统都是德国品牌。

德国还有一群"隐形冠军",即那些体量虽不大,却在某个领域拥有绝对话语权的小厂。比如机床"大户"施宏威(SHW GmbH)、螺丝"天花板"伍德(Würth),一百多年不动如山,一直处于世界领先地位。

根据德国作家、思想家赫尔曼·西蒙的统计,截至2022年,在全球2 734家"隐形冠军"中,德国品牌有1 307家,占到47.8%;而号称"科技怪兽"的美国只有366家,占13.4%;日本有220家,占8%;中国仅有68家,占2.5%(如表4-3所示)。德国在汽车制造、机械制造、化工等领域的制造水平均领先于世界。所以就工业综合实力而言,德国是真正意义上的世界工业强国。

表 4-3 "隐形冠军"企业数量排名前 10 的国家及其数量、占比[1]

国家	德国	美国	日本	奥地利	瑞士	意大利	法国	中国	英国	瑞典
数量	1 307	366	220	116	110	76	75	68	67	49
占比(%)	47.8	13.4	8.0	4.2	4.0	2.8	2.7	2.5	2.5	1.8

德国面积仅为 35.8 万平方千米，人口只有 8 400 多万。这样一个领土小、人口也不多的国家，为何可以成为世界工业强国？这与德国人的知识技能和性格等有很大关系。

1. 重视教育

教育是一个国家科技崛起的基础。德国工业强大的背后，是一套完整的双元制职业培训模式。

大多数德国孩子在完成义务教育阶段的学业以后，都能够拥有一次选择的机会。他们可以凭着自己的兴趣爱好，或去选择文化类的高级中学（文理中学），或去选择有固定的职业路径的普通中学（职业预科），或去选择没有明确职业路径的实验中学。

---

[1] 数据来源：欧洲时报德国版。

德国职业培训的双元制模式主要针对的就是中学毕业生，其课程设计以职业需求为核心，教学分别在企业和职业学校里交替进行，其中60%~70%时间在专业对口的企业，30%~40%时间在学校。而且在学徒期间（职业学校），学生不但不用交学费，每个月还可以领到企业的补贴，第一年的第一个月大概是800欧元（各个行业收入不同），折算成人民币大概有6 000元。而且随着年限的提升，这笔补贴会不断提高。

毕业以后，一份工程类技师的起薪通常是每年5万欧元左右，到手3万欧元左右，折算成人民币就是22万元左右，和银行、IT等行业的薪资水平相差不大。

所以在德国，很多人会主动放弃普高，而直接选择职业类学校。在兴趣和待遇的双重加持之下，这些人将德国制造业推向了一个新高度。

和德国相比，中国以前的职业教育大多仍以学校上课为主，即便有外出实习的机会，也往往学习不到实实在在的技术，且很少有收入。

幸运的是，2022年5月1日，新修订的《中华人民共和国职业教育法》正式落地，其中第五十三条明确规定，职业学校学生在升学、就业、职业发展等方面与同层次普通学校学生享有平等机会。第六十六条也明确提出要严惩非法的劳务派遣、压榨学生的行为。此后，中考将不再成为他们人生的负担。

只有合理科学的教育安排，才能锻炼出优秀的学生，一个国家的科技才会长足发展。德国如此，其他国家也是如此。

2.严谨认真

欧洲每个国家的人的性格各不相同，英国人绅士、法国人浪漫，而德国人素来以严谨著称。只有严谨认真，才能够专注于科技研究，这就是工匠精神。德国人这样的性格，用来发展制造业真是再合适不过。

另外，德国在政策上也会对制造业进行保护，比如加强质量提升、严厉打击粗制滥造等。日积月累，德国工业的名声自然就享誉世界了。

奶茶大杯、中杯、小杯的价格差异

问大家一个问题：买奶茶的时候，你会选择大杯、中杯还是小杯呢？我的选择基本都是中杯，我相信大多数人跟我的选择是一样的，还有一部分人会选小杯，相对来说选大杯的人最少。选择中杯的原因除了担心大杯喝不完浪费、小杯不够喝，还有一个很重要的原因，那就是通常大杯的价格比中杯多一倍，而量只多了一两成。

既然如此，奶茶店为什么还要设置大杯这个选项呢？其实这涉及一个重要的心理现象——锚定效应[①]。关于锚定效应，有一个非常经典的商业案例：星巴克销售依云矿泉水。

星巴克把依云矿泉水摆放在陈列柜非常明显的位置，一瓶依云矿泉水的价格是22元，星巴克中杯价格是28元，超大杯是38元，当顾客看见22元一瓶的依云矿泉水，并进行对比锚

---

① 锚定效应，又称沉锚效应，指人们在对某人某事做出判断时，易受第一印象或第一信息支配，就像沉入海底的锚一样把人们的思想固定在某处。

定后，瞬间就会觉得咖啡的价格其实也没那么贵。

又比如，经典营销类书籍《影响力》中也有关于锚定效应的小故事。

20世纪30年代，希德和哈利两兄弟在纽约经营一家服装店。希德负责销售，哈利负责裁缝。每当希德发现有顾客对某件衣服十分倾心时，他就会假装不知衣服的价格。当客人询问价钱的时候，他就会提高嗓门询问在服装店后面的哈利。

"哈利，这件西装多少钱？"希德问道。

"那件精美的西装吗？42美元。"哈利大声地回答。

希德假装没听明白："你说多少钱？"

"42美元！"哈利重复一遍。

这时，希德会转过来对顾客说这件西装的价格是22美元。听到这个价格后，顾客会毫不犹豫地掏出22美元放在柜台上，拎起西装快速走出商店。这时，价格锚计划就已成功。

上面案例中提到的依云矿泉水和42美元就是价格锚点。在日常消费中，很多消费者很容易把那些醒目、刺激性比较强的同类商品当作参照物，而奶茶店的这个大杯就是那个"锚"。也就是说，在很多奶茶店中，大杯本来就不是用来销售的，而是起到一个锚的作用。

比如，一杯普通奶茶售价50元会被人嫌弃很贵。但是，如果这杯奶茶旁边出现了一个加量版的大杯，每杯售价100元，那么50元一杯的中号奶茶瞬间就会变得可以接受，而这个100元的大杯就是锚点。

这种方式还经常被用在各个饭店中，比如菜单上总会有一些看上去很贵、效果图也特别漂亮的菜品，这类菜品通常也不是用来给顾客点的，因为再往下翻菜单，就可以发现价格几乎减半的替代品。虽然它的配料可能没有那么丰盛，肉的原产地也不同，但是有前面的超贵的菜品作为参照，很多人就会毫不犹豫地钻到这个没那么贵的圈套中，而不会去考虑这家餐厅的定价本身就有问题。

所以，有时候我们出去吃饭满满都是套路，还不如回家自己做饭吃。

为什么企业喜欢造新能源车

从 2014 年开始布局，截至 2022 年，经过短短八年，中国的新能源汽车已经进入了发展的快车道。在大街小巷中，我们可以看到越来越多的新能源汽车，这背后除了理想、小鹏、蔚来等新能源车企的助力，比亚迪、五菱等老牌燃油车车企的入局也起到了重要的作用。甚至很多非汽车行业的企业也从中发现了商机，纷纷开始入局，比如小米、百度，等等。

传统燃油汽车消耗了大量石油，造成了严重的环境污染，而新能源汽车使用电作为能源，清洁无污染，可以在很大程度上有效缓解这种情况。这是新能源汽车兴起的核心原因。2022 年 6 月，欧盟国家达成协议，在 2035 年前实现汽车零碳排放，同时禁售所有新的燃油车。这也会促进新能源汽车的进一步发展。

除了这个核心原因，越来越多类似小米、百度这样的企业纷纷入局，还有一个很重要的原因——"双积分"[①]政策。

可能很多人还不了解，在国内卖车需要遵守"双积分"规则。简单来说，就是如果卖的是燃油车就会积攒负积分，如果卖的是新能源车就会积攒正积分，到年底时，正、负积分会互相抵消，如果最终分数不达标，企业高耗油车辆的生产和申报就会被暂停。

"双积分"规则中有一个买卖积分的选项，造新能源汽车的企业可以把自己的正积分卖给负积分较多的企业（还有其他选项）。比如，特斯拉卖一辆新能源车可以积攒5个碳积分（部分型号），而一个碳积分的价格是3 000元（价格不断波动），所以特斯拉在2020年光靠卖碳积分就赚取15.8亿美元，大概是其年净利润7.21亿美元的两倍多。

企业根本不用担心自己的积分卖不出去，最新数据显示，2019~2021年，纳入新能源汽车积分考核的企业[②]超过半数未能达标（如图4-4所示），很多国内车企的负积分数值都是以几十万计的。比如，2021年积分缺口排名第十的北京奔驰就已经达到20.8万分，而积分缺口排名前三的企业分别是上汽通用，–71.5万分；奇瑞汽车，–46.8万分；一汽-大众，–44.7万分。[③]其中任何一家都能为新能源汽车厂贡献出数亿元的需求。

[①] 双积分，分别指乘用车企业平均油耗积分和乘用车企业新能源汽车积分。
[②] 指传统能源乘用车年度生产量或者进口量达到3万辆以上的企业。
[③] 数据来源：《中华人民共和国工业和信息化部 商务部 海关总署 市场监管总局公告》。

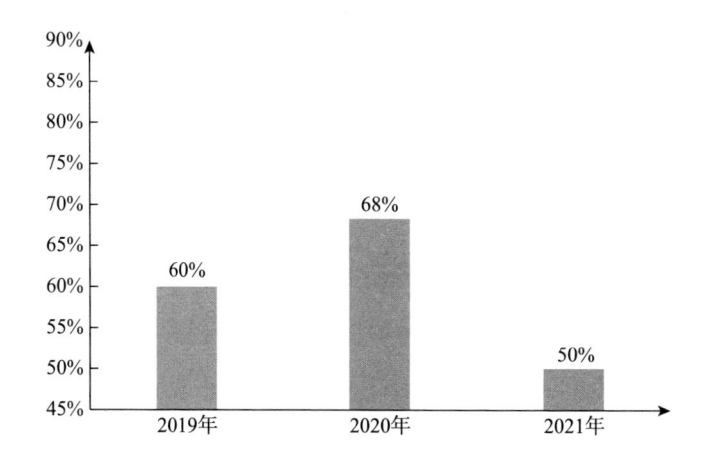

图 4-4　2019~2021 年度纳入新能源汽车积分考核的不达标企业占比情况[①]

所以这几年很多企业都在造新能源车，一块铁皮、电池和线路能值几个钱，而造出新能源车后，就可以按照车子的数量来卖积分。如果运气好一些，车企甚至可能被碳排量大户直接收购。

另外，除使用能源不同外，新能源汽车与燃油汽车还有一点也很不同，那就是更加注重人工智能。因此，对于那些拥有互联网基因的高科技公司而言，这也正是它们发展新能源汽车的一大优势，面对这样的历史性机遇，它们自然不想错过。

---

① 数据来源：《中华人民共和国工业和信息化部 商务部 海关总署 市场监管总局公告》。

房子滞销时，房地产开发商为啥不降价

房价一直是老百姓最关注的事情。2018年以后，在多重原因之下，房地产行业一直处于低迷状态，销售额下降、房企爆雷破产……这时候很多老百姓会提出疑问：市场行情如此糟糕，为什么有些房地产开发商仍然死扛到底不降价呢？

其中的原因虽然复杂，但整体来说，主要与过往的一些经济规律和现行的房产政策有关。

1. 不能降价

其实不是房地产开发商不想降价，是不能降价。因为大部分房地产开发商喜欢走一条捷径——在建工程抵押[①]。通俗来说，就是在房子盖好之前，房地产开发商就会把房子和下面

[①] 在建工程抵押，指抵押人为取得工程继续建造所需资金的贷款将其以合法方式取得的土地使用权连同在建工程的投入资产，以不转移占有的方式抵押给银行，作为偿还贷款履行担保的行为。

的土地使用权直接抵押给银行或者一些民间机构。只有这样，房地产开发商才可能尽快地利用贷款把现金套出来。

这种方式在以前没有任何问题，但是时至今日，房地产行业大环境已经发生了很大变化。市场上原本打算抢房子的购房者忽然不抢了，而且就算房地产开发商把楼盘全部放开，也不能保证每栋楼都能立刻卖掉。

这时候，规模越小的房地产开发商反而越不敢降价，它们只要今天敢降价，银行明天就会找上门，以抵押物价值减少的理由，给它们两个选择：

一是追加担保，将其他的房子、资金源源不断地往这个项目里填，用来弥补估价上的缺口。但是在房子的价值没有原来高的情况下，资金无法全部支付，也没人再给房地产开发商做担保，折价变现的资金还不够补缺口。

二是干脆让房地产开发商不要再继续借贷，直接提前把账还掉。这就更加不可能了，有钱谁还会降价？更何况那些拿着空头商票的材料商、工程队还在排着队等着房地产开发商还钱呢，这时候"露财"就是加速公司的破产。

所以，那些资金缺口不是太大的房地产开发商也许会降价卖房，但那些资金缺口巨大的房地产开发商则基本上连降价的能力都没有。它们只能维持住账面上的资产和负债，尽量把各类负债往后无限期地拖延。毕竟只要能拖延，公司就还可以继续活着。

2. 不敢降价

除了不能降价外，政策也不允许降价。2021年8月，湖南省某市发布全国首个楼市"限跌令"：房价下降不得超过15%。随后多个城市也出台了各自的楼市"限跌令"政策。

房地产一直是国民经济的支柱产业，其上、下游产业链涉及建筑施工、家居家装、销售预售等多个产业以及其下的园林、机械、建材、家用电器等五十多个行业，此外还集聚了大量的金融资源（如图4-5所示）。房价下跌，尤其是大跌，必然会对整个市场产生非常恶劣的影响，前面提到的这些与其有关的产业、行业都将出现大幅下滑。与此同时，金融系统也会发生较大的动荡，很多房地产开发商也将面临破产，进而出现大量的烂尾房，部分人甚至可能因此而无房可住。

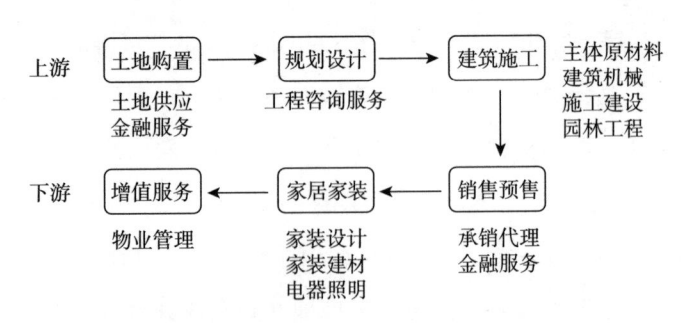

图4-5 房地产行业上、下游产业链全景

所以，种种原因叠加在一起，房价一定要稳定，最好在合理范围内小幅波动。

PART 5
房产避坑指南

以房养老靠谱吗

多一种方式让老年人老有所依、安享晚年，原本是一件好事，但提到以房养老[1]能否真正帮助老年人养老，很多人对此都抱有疑问。

将房子抵押出去之后，房屋所有人将无法参与后续几乎所有的事情，一旦某个环节出现问题、存在漏洞或陷阱，房屋所有人就会遭遇很大亏损。而且，以房养老模式的所有环节几乎都涉及金融知识，如保险公司、抵押、出售等（如图5–1所示），理解起来相对复杂。因此，以房养老是否可行，主要看由谁来操作。如果操作方是非常正规的机构，一切手续都符合合同法的正常流程，那么这种养老方式是可行的。如果操作方不怀好意，那么外行的老年人很容易受到哄骗，一步

---

[1] 以房养老，指依据拥有资源，利用住房寿命周期和老年住户生存余命的差异，对广大老年人拥有的巨大房产资源，尤其是人们死亡后住房尚余存的价值，通过一定的金融或非金融机制的融会提前套现变现，实现价值上的流动，为老年人在其余存生命期间，建立起一笔长期、持续、稳定乃至延续终生的现金流入。

步落入圈套。

现在很多以房养老项目在操作过程中是不靠谱的。

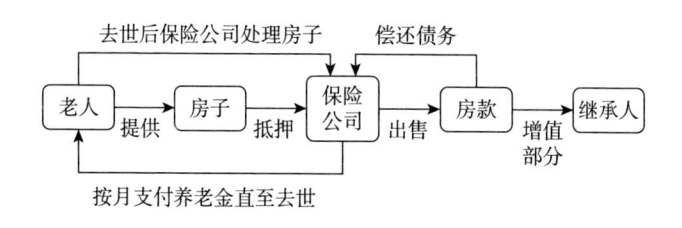

图 5-1　以房养老的基本模式

有一群打着"反按揭"旗子的人就喜欢盯着那些子女不在身边的老年人下手。他们往往会先用"送温暖"的名义上门，陪老年人聊天、下棋，给老年人剪头发，甚至陪他们出去旅游，然后在路上开始不断地进行游说。

"叔叔阿姨们，可以把房子抵押出去哟，这样每个月就相当于多领一份养老金。"

"反正你们的孩子都有自己的房子了，老房子以后肯定是要卖掉的，倒不如趁现在房价还没有跌，可以多捞点钱出来。"

"我们这边还有短期的体验项目，你可以先选择三个月的那种，等你拿到三个月的利息以后，就知道我没有骗你！"

……

但实际上，只要老年人点了头，他们就会把旅游目的地改到公证处，然后拿出一堆已经圈好签字处的合同让老年人签字。这些合同中有房屋抵押合同,即自愿把房子抵押出去换回几百万元贷款,如果不能按时还款,房子就会被债主拿去抵债;还有委托收款协议,即将贷回来的几百万元款项直接打到"干儿子""干女儿"公司的账户里,而不是老年人自己的账户里。

当然,这些合同中一般也会夹着几页强制执行效力的公证申请,一旦老年人签字了,那就意味着在确保"干儿子""干女儿"卷款跑路之前,老年人就已经主动放弃了夺回房子的抗辩权。老年人基本上没有时间去搞懂这些,又因为在外面逛了很长时间(故意安排的),且这时候的公证处就要下班,为了不耽误时间,老年人匆忙就签字了。

这就是一种非常典型的以房养老的圈套。老年人签了这些合同,就等于一脚迈入了巨大风险。这时候,老年人的家庭将陷入两难境地,他们本来打算给子女减轻负担,结果却变成逼着自己的孩子做个艰难的选择,要么放弃房产,息事宁人(钱房两空);要么自己认栽,保全老房子,但是需要背起父母几百万元的天降债务。

这段时间内,所谓的"干儿子""干女儿"甚至会申请强制执行,将老年人的银行卡暂时冻结,老年人最后就连退休金都不一定能拿全。

总之,以房养老套路很深,有这种打算的老年人必须谨慎行事。

可以替别人担保买房子吗

在现实生活中,相信不少人都收到过类似的请托:我想买房子(买车),但是必须找个担保人才能借够买房子的钱,所以请你帮我做个担保吧。面对这种情况,每个人的选择不同,我们在这里不去细究不同选择的对错,只想把这类事情的后果分析给大家听一下。

担保①是债务保证的一种方式,在社会生活中,给别人做担保通常存在着很大的风险。所以,尽量不要替别人做担保,即使对方是你的亲戚或朋友。

1. 金钱方面的损失

合同里的担保一般分为两种形式:一般保证和连带责任保证。这两种形式的保证人的责任有很大区别,比如,一般保

---

① 担保,是为担保某项债务的实现而采取的措施,该项债务是主法律关系,担保是从法律关系。

证的保证人享有先诉抗辩权，而连带责任保证没有（如表5-1所示）。在一般保证（2021年以前需要特别注明才可生效）的情况下，借款人自己先还钱，如果无法还上，法院会将他抵押的车、房等进行拍卖，如果依然无法还清，那么担保人再帮他还余下的债务。

表 5-1 一般保证与连带责任保证的区别

	一般保证	连带责任保证
适用情况	债务人不能履行	债权人可以在债务人和保证人中任意选择
先诉抗辩权	有	无
先后顺序	有，保证人在后，是补充责任	无

但是在现实生活中，无论是银行，还是民间机构，都不会走"一般保证"的形式，而往往会在合同里注明连带责任保证。如果贷款出现逾期，银行或民间机构就有权利绕过贷款者，直接找担保人要钱。这时候，只要借款人咬紧牙关，电话不接，短信不回，银行就有权利冻结担保人的工资，甚至会把担保人的房子拿去评估拍卖，用于偿还借款人的债务，而借款人的财产反而可能不会受到丝毫影响。

对于担保人来说，这笔贷款并不是自己使用的，但最终却要自己来偿还，可谓损失惨重。

2. 征信方面的不良影响

在给别人提供担保时,担保人的征信上就会有对外担保的记录,包括担保金额、担保期限、担保状态等相关信息。

如果借款人无法还款,而担保人也无力偿还或拒绝偿还,债权人一旦起诉,担保人的财产就可能会被强制执行,银行存款、理财都会受影响,进而影响担保人的征信,担保人甚至会成为黑户。

一旦征信出现污点,当担保人向金融机构申请贷款时,金融机构就会对担保人对外担保贷款的逾期产生怀疑,就极有可能拒绝放贷。

所以,尽量不要做担保,即使对方是自己的亲弟弟,虽然这样做显得有点不近人情,但对于可能出现的后果来说,是最正确的选择。

假如房子不值钱了，银行会要求提前还款吗

当房子的价值大幅下跌时，银行是否会要求提前还款，要看你的房子在哪个地方，不同的国家有不同的处置办法。如果银行要求提前还款，对于购房者来说，无异于一场灾难。

比如，1997年，亚洲金融危机席卷泰国，导致泰国有些房子一夜之间贬值70%以上。而当地房子的首付又普遍不足一成，而且有些胆子比较大的人早年都是借钱买楼花①，也就是先占个期房的优先购买权，楼房本身还未建造完成，甚至可能连一块瓦片都还没有。

在亚洲金融危机爆发后，泰国很多银行便以抵押的房子不值贷款金额为理由，要求业主们在一周之内把房价和款项之间的差额全部补齐。一时间，很多购房者、炒房者因没有足够资金而面临破产，有的最后甚至采取了极端手段，这在当

---

① 楼花，指期房，为地产物业市场的名词，指预售的尚未完成的地产发展项目。

时造成很大的轰动。

从 2021 年下半年开始，我国国内的房地产市场就呈现明显的调整趋势，房价出现回落（如图 5-2 所示），有些城市的房价跌幅甚至达到 50%。所以有人就担心，银行会不会因此就要求购房者提前还款。

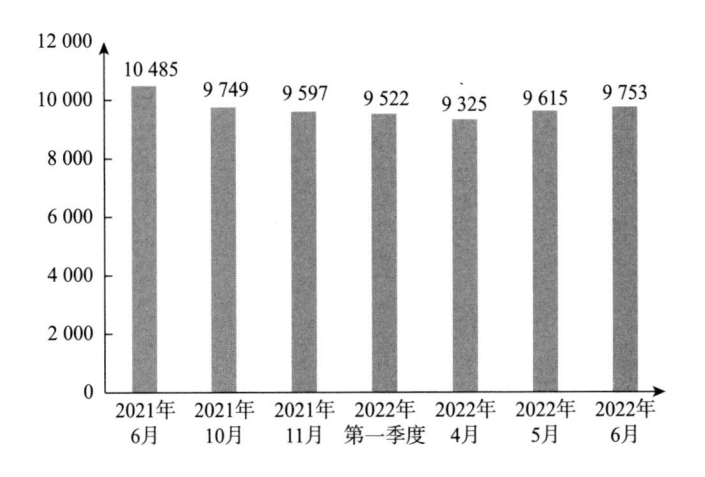

图 5-2　2021 年 6 月~2022 年 6 月全国商品房销售均价（单位：元/平方米）[1]

事实上，关于这件事大家大可放心，国内基本不会大规模出现类似的情况。因为无论是在理论层面，还是实操层面，我们按揭买下的房子都有足够的保障。

---

① 数据来源：国家统计局。

1. 银行极少举证

如果银行想按照"抵押物价值减少"来要求购房者补足差额或提前还款，需要先举证这个房子的不值钱和购买者的某个行为有着直接的关系。

这个举证过程非常复杂，结果也难以认定，银行通常不会去做这种费力不讨好的事情，除非购房者特别过分，比如还没有还完款就把房子拆了重新盖，或者把承重墙直接砸掉，银行可能就会采取措施。

所以，如果借款人不愿意卖房，即便房价下跌，也没有必要担心银行方面，只要正常供款就可以了。

2. 一次评估法

银行在给客户放贷前，会对抵押房产进行评估：抵押房产变现的价值能否覆盖贷款成本？这项评估由银行指定的评估机构出具评估报告，用于银行确定产权价值，确认贷款发放金额。抵押房产的评估价是评估公司根据历史交易记录或市场价格调查对比后的值确定的，一般接近房屋成交价。

我国国内银行用的多是一次评估法，也就是只在签贷款购房合同的时候对购房者的房子进行一次评估，等合同签好、按期放款以后，只要没断月供六个月以上，银行是不会一直盯着市场随时调整抵押房产的评估价的。毕竟对于银行来说,它们想要的不是房子,而是按时还款。

由此可见,很多购房者对于银行在房价下跌时会要求提前还款的担心不过是杞人忧天。

买期房，是全款好还是贷款好

关于买期房要不要向银行贷款这件事，如果在以前，我可能会建议你全款，毕竟利息很高。但是在2021年以后，向银行贷款反而是个不错的选择，抛开利息这件事，按揭买房能帮你扛一些期房交付上的风险。

针对如果房子烂尾，购买者是否需要继续还房贷这个问题，在以前银行一般都喜欢这样解释：你（购房者）和房地产开发商签订的购房合同，本质上类似买卖大白菜，不管大白菜好坏，都是你们当事双方的事情，和我（银行）没有关系。而我和你签的是借款合同，我只是借给了你一笔钱（如图5-3所示）。无论房地产开发商有没有按期交房，无论你有没有住进去，欠债还钱都是天经地义的。你不但要按时还本金，利息也一点都不能少，否则我就把你的信用拉黑，然后再向法院申请拍卖你的房子。

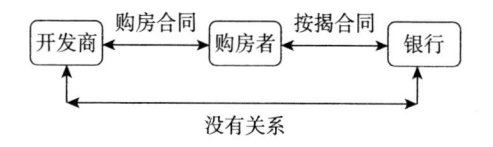

图 5-3 开发商、购房者和银行之间的法律关系

所以,以前很多人就算买到了烂尾楼,也只能咬着牙继续还银行的月供,然后再去找消失得无影无踪的房地产开发商要钱或要房。而且,就算后来房地产开发商把钱退给银行,对于购房者来说,很可能早就因为还款逾期而在征信上背上了黑锅。

但是自 2021 年开始,一种新的玩法出现了:只要房地产开发商明确表示自己无法交房,那业主就可以一步到位,直接把银行和房地产开发商的名字捆在一起,填到起诉书的被告栏里,向法院要求同时解除购房合同和借款合同。

银行想当鸵鸟,装作什么都不知道,是不行的。因为购房者与银行签借款合同的目的就是向房地产开发商买房,2021年以后如果房地产开发商因为自己的问题而影响到房子交付,进而影响银行收账,那这一切将和购房者无关。购房者可以申请合并审理,将房地产开发商和银行拉到一起,由法院直接调解。如果没有结果,那么银行是要继续收钱也好、拉黑征信也罢,要找的是直接责任人,即房地产开发商,而不是购房者。

这种通过合并审理追溯合同目的的操作，在2020年年底就已经出现[参考（2019）最高法民再245号判决书]，经过两年多的沉淀，这种操作已经被越来越多的法院接纳采用。因此，现在向银行贷款买房，在某种意义上反而能够对冲一些期房交付上的风险。

即便如此，购房者在购买期房时也要做好心理准备，因为在房地产开发商不能按期交房的情况下，虽然按照法理房地产开发商要把购房首付款和前期的相关款项还给购房者，但实际情况是，如果房地产开发商还得起这笔钱，又怎么会沦落到让房子烂尾的地步？所以，买房是件大事，无论借贷与否，购房者都要谨慎选择和处理。

降准了，要不要赶紧买房

一般来说，银行降准①会释放流动性，增加银行可贷资金数量，可贷资金增加，贷款就变得容易，那么更多的人就可以贷款买房，房价就会上涨。

所以，每次央行降准，很多房产中介都会提醒还在观望的人赶紧买房，房价要上涨了。但是，房价的涨跌其实与降准并没有太大关系，仅因为降准就买房是极其草率的行为。

1. 降准影响的是房子的数量而不是价格

降准之后，房企贷款容易，有了贷款它们大概率会继续买地建房，这样房子的数量就会增加，而房价则未必会大涨。

通俗来说，降准就是央行让各大银行把锁在仓库里的备用金拿出一部分，用来借给别人，促进市场上的各种消费。在

---

① 降准，全称为中央银行调低法定存款准备率，在我国由中国人民银行调整并发布。

经济教科书的解读中，消费的人如果达到一定的体量，当商品供不应求时，商品的价格就会上涨。但是在房地产行业，降准影响的往往是房子的数量，而不是价格。

比如，2021年11月，在降准的风声出现后（具体降准时间为2021年12月15日），很多银行都下调了房贷利率（百城首套回落4bp、二套回落3bp）[①]，二手房的交易数量确实要比2021年10月好看很多。由广州市房地产中介协会公布得知，2021年11月，广州市二手房共网签6 044套，比10月多出15.06%。2022年11月的第一周（10月31日~11月06日），成都新建商品房成交3 406套，较前一周增加715套，环比上涨26.6%。而且从10月31日前近十周的成交量来看，周均成交套数为2 029套，当周成交3 406套，比近十周平均成交量多出1 377套[②]。

而与此同时，各个地方的二手房成交价格却比10月低。比如，2021年11月上海成交均价跌到38 000元/平方米（10月份均价为38 811元/平方米），创下2021年年内新低，杭州的挂牌均价为39 761元/平方米，比10月下跌4.75%，而且房价下跌的城市数量还在进一步扩大，三线、四线城市尤为明显。[③]

---

① 数据来源：江阴福吉家房产网。
② 数据来源：诸葛找房网。
③ 数据来源：江阴福吉家房产网。

所以，降准未必会使房价上涨，不要偏信某些房产中介的一面之词。

2. 降准也无法挽救房地产开发商降价

身负巨债的房地产开发商们也开始内卷起来，2021年11月以后，虽然二手房的成交量在逐渐增加，但是新房的成交量却下滑得越来越厉害。

和2020年相比，2021年10月的新房销售额只是下降24.9%，但是到了明显放宽的11月，新房的销售额已经下降28.3%。

而2021年年底，各种回款的压力逼着房地产开发商们再次降价，和10月相比，全国100个城市的新房价格被各大房地产开发商压低了万分之四，是2015年以来第二次全面下调（上一次下调是2020年的2月）[1]，把原本可以回温的二手房房价给拉入深渊。可是市面上的钱正在慢慢增加，如过去的100万元明显要比2023年的100万更值钱一些。

所以，不要听风就是雨，耐着性子等一等，无论是新房还是二手房，总会有适合自己的房子出现，总会有合适的价格出现，到时再入手最好。

---

[1] 数据来源：江阴福吉家房产网。

居住权合同和租房合同是不是差不多

尽管都涉及对他人房屋的使用,居住权[①]合同与租房合同[②]却相差很多,甚至在某些层面上,这两份合同水火不容。

《中华人民共和国民法典》第七百零五条明确规定,租赁期限不得超过20年,超过部分无效。这就意味着,即使你和房东在合同上写的租赁期限是30年、40年,最终法律承认的也只是20年而已。相对来说,居住权合同更加灵活,时限也可以更长,居住权期限届满或者居住权人死亡,居住权才会消灭(如表5-2所示)。

不过,租赁合同的期限也可以延长,只不过一定要等到前一个20年期满之后,才能续签下一个20年的合同。至于所

[①] 居住权,指权利人为满足生活居住的需要,按照合同约定或遗嘱,在他人享有所有权的住宅之上设立的占有、使用该住宅的权利,它是《民法典》物权编新增的用益物权的种类。

[②] 租房合同,即房屋租赁合同,是指房屋出租人将房屋提供给承租人使用,承租人定期给付约定租金,并于合同终止时将房屋完好地归还出租人的协议。

谓的不定期租赁，并不是想租多久就能租多久，而是房东和租客之间任何一方都能随时解除租约。很多房东不喜欢在租赁合同上写明期限，就是为了能够随时随地解除合同。

表 5-2 居住权与租赁权期限的区别

期限	20 年	30 年	40 年	居住权人死亡
租赁权	√	×	×	×
居住权	√	√	√	×

而居住权合同不一样，其上必须注明的只有两项：一是合同签订双方的名字，二是房屋地址。其他条款如果没写清楚，几乎都会对房客有利。比如居住权期限，如果没写清楚，那么房客活多久就能够住多久。费用也是，只要没写清楚，房客即使分文不给，房东也不能将他赶出去。甚至房客就算不住，房东也没有权力自己做决定，将房子另外租出。

总之，居住权除了不能继承，房客在其他使用方面，基本和房东的家人一样，没什么区别。

老家的宅基地，是卖还是留

表弟要在城里买房，还差些钱，于是想把老家的宅基地[①]卖掉凑首付，还向我咨询卖多少钱合适。对于宅基地问题，我的观点一向是：不卖。

农村人口虽然在逐渐减少，但实际能够使用的宅基地其实并不算很多。宅基地在某个层面上已经属于特级限量的奢侈品。

1. 价值提升

虽然农村的宅基地名义上属于村集体，但在上面盖的房子却完全属于个人财产。只要宅基地上的老房子不倒塌，无论后代是城里人也好，农村人也罢，都能够完整地继承这套房子。

[①] 宅基地，指农村村民用于建造住宅及其附属设施的集体建设用地，包括住房、附属用房和庭院等用地，在地类管理上属于（集体）建设用地。

这也就意味着，很多本该已经收回、二次利用的宅基地，实际上依然被占用着。正是因为这种情况，很多农村现在盖的都是农民公寓[①]。未来在宅基地上面，那种带有前后花园的大独栋会越来越少。物以稀为贵，宅基地越来越少，其价值自然会越来越大。

另外，虽然农村的发展不如城市，但是农村的潜力巨大。为实现农村振兴、农业振兴、农民振兴，国家每年都会发布很多政策来对农村进行扶持。或许不久的未来，农村就会腾飞。到那时，宅基地很有可能会水涨船高，拥有很高的价值。

所以，无论是从宅基地数量，还是从宅基地的价值预期来看，宅基地都有着一定的升值空间。

2. 很难再申请

宅基地有"三不批"政策：1.不满足一户一宅条件申请宅基地不予批准；2.将宅基地出卖、出租、赠予、有偿退出等申请宅基地不予批准；3.非农村集体成员申请宅基地不予批准。无论是将农村的房子卖出去还是送出去，又或是异地建宅不退旧宅，以后想再申请一块新的宅基地，基本是不可能的。

现在严格落实一户一宅，也就是只要和父母、祖父母没有分户，那么宅基地和老房子一旦卖掉，他们四个人也就会跟

[①] 农民公寓，指农民在集体土地上一起建造、共同居住的单元公寓式住宅。

着失去宅基地，相当于一起放弃再回老家的权利。如果不是特别需要钱，那就没有必要将自己的宅基地卖出去，将其留下来也是自己的一份资产。

很多老一辈的人都在劝子女保留农村户口，因为只有这样，拥有宅基地的那个"户"才会一直存在。这样一来，子女不但可以继承房子，还可以随时装修翻新或者直接重修重盖（需要向村里申请），为自己乃至家族后代留下一份可以退守的余地和空间。

所以，对于宅基地这种失去之后便很难再获得的奢侈品，不要轻易放弃。

买车位需要注意什么

车位产权很复杂，不要说业主，就是很多物业业内人士也很难厘清。一般来说，小区内出售的车位分很多类型：地上的、地下的；公共的、改建的；签购买合同的、签转租合同的。车位的价格更是截然不同，这不禁让业主满腹疑问：到底该买什么样的车位？

大部分小区的停车位基本分为三种：一是地面上的公摊车位，二是地下自建的产权车位，三是人防改造的人防车位。这三种车位在合规交易方面有很大区别，公摊车位建造于小区公共用地，产权归全部业主共有，房地产开发商无权出售。人防车位属国家所有，禁止销售。产权车位既未计入业主公摊面积，也非国家所有，满足立项和规划条件。所以正常来说，能够正常买卖交易的只有产权车位。

1. 公摊车位

公摊车位是在业主共有的道路或者其他场地上停放汽车的车位，属于业主共有。[1] 比如，地面上很多露天车位几乎都是用公共的道路、小公园改出来的。公摊车位不能直接买卖所谓的产权，房地产开发商或物业只能办理年租或者签订使用权转让协议。

如果没有特殊约定，对于小区业主而言，谁先到就谁停。业主之间即便发生矛盾，通常也只能找签合同的那一方来和稀泥。所以，小区业主购买这种车位没有太大意义。

2. 产权车位

产权车位是房地产开发商自建的车库，属于房地产开发商所有，可以登记办理相关产权证书。一般来说，能够买卖产权的车位大部分都是被房地产开发商建在地下的，即地下车库。

当然，无论建在什么地方，产权车位都和商品房一样，走全套的网签、备案流程。走完流程，就可以办出合规的产权证，有了产权证，它就和住的房子一样完全属于产权所有人。

产权所有人把车位围起来也好，加地锁也罢，没有人可以

---

[1]《中华人民共和国民法典》第 275 条第二款规定："占用业主共有的道路或者其他场地用于停放汽车的车位，属于业主共有。"

管。这种车位是受法律保护的，可以自由买卖。但是，产权所有人不可以随意改造车库用途，比如将其改成一个小卖部或者理发店等，只要敢改车库用途，物业、消防、邻居一告一个准。

3. 人防车位

人防车位较为特殊，它的占地属于人防工程，而人防工程又属于人民防空工程建设。所以，人防车位的产权归属国家，自然不可以买卖。

至于机械车库和贴了人防字样的地下车位，几乎都无法办理产权证书（有些地方正在逐步放开）。房地产开发商最多只会和使用者签订租赁或使用权协议。

因此，在购买车位时，最好买产权车位。如果购买其他类型的车位，很可能会遇到各种纠纷。

什么是保障性住房

保障性住房[1]是一种较为特殊的类型住宅，主要供中低收入人群使用。在保障性住房方面，新加坡发展较早，有非常丰富的经验。

新加坡国土面积小、人口多，人口密度为每平方千米7 692人，人多房少，所以新加坡的房价非常高，而且涨势异常稳定。即使每年1~3月这种房屋销售淡季，其房价的增速也能飙上3.3%。普通的小公寓也能卖十几万元一平方米，如果能够花费600多万元抢到一套商品房，就算是运气好捡到漏了。

新加坡房价虽高，但是当地无房的人一点都不担心住房问题，因为除商品房外，他们还可以选择组屋（实际比例占一半以上）。这种专门提供给中低收入人群的特殊住房，不是按

---

[1] 保障性住房，指政府为中低收入住房困难家庭提供的限定标准、限定价格或租金的住房。

照成本或者市场来定价的，而是按照社会支付能力来定价的。

如果全家的月收入不到5.5万元（约12 000新加坡元），就有资格申请一套90平方米的三室一厅，可以选择租，也可以选择买。组屋的价格一般会被控制在100万元左右（30万新加坡元）。

当然，这种房子不可以随便进行买卖或者转租，毕竟是有福利性质的。

我国的保障性住房就类似于这种特别提供给中低收入群体、让大家"居者有其屋"的组屋。在我国，保障性住房有很多种类，比如土地是划拨性质的经济适用房；有一定房租补贴的公租房；因为拆迁而补发的安置房；等等。建设保障性住房，无论是对民生还是对经济都有很多好处。在民生方面，建设保障性住房可以保障安居，改善城市低收入居民的居住条件。在经济方面，建设保障性住房不仅可以带动产业发展，对相关产业具有很强的带动效应，还可以刺激消费，为未来扩大消费创造了有利条件。此外，城乡居民特别是低收入居民省下的房租钱可以用于消费，这也非常有利于扩大消费。

国家越来越重视保障性住房的建设，2021年12月6日，中共中央政治局召开会议，分析研究2022年经济工作，强调2022年经济工作要稳字当头、稳中求进。会议提到要推进保障性住房建设，支持商品房市场，更好地满足购房者的合理住房需求，促进房地产业健康发展和良性循环。这也许意味着一个新时代的来临，未来或将迎来一波保障性住房的大爆发。

什么是租金回报率

鉴于我所在的行业，很多亲戚朋友在买房时一遇到难题，就会向我咨询：××地段的房子怎么样？××城市的发展前景如何？这时候我都会告诉他们，先去查一个数据——租金回报率。

租金回报率，指的是租房每年租金与房屋售价的比值，是判断一个楼盘是否值得入手的一个很重要的指标。很多机构，尤其是一些国外机构，非常喜欢用这个指标去衡量一个地区的发展潜力。

在国际上，租金回报率在3%~5%为合理水平；租金回报率在5%以上的城市值得购买（买房用以出租）；租金回报率在3%以下的城市，房价水平过高，想通过租金回血则很难达到目的，因此不适合入手。虽然在国内并没有一个确切的租金回报率数据来判断一个地区的发展潜力，但是在购置房产时，其租金回报率在合理范围内对房产保值增值来说总归是比较有保障的。

很多人在购置房产时都是跟风操作，哪个区块热度比较高就跟着一起买。不可否认，运气好的话，这样也可以买到相对优质的房产。但是，靠运气来操作是不可行的，需要一些科学方法的支撑。

租金回报率恰恰是进行这种操作的一种科学方法。通常来说，房屋的售价可能存在泡沫，但租金不会出现泡沫，租金反映的是实际的居住需求，很难被调控。所以，通过租金回报率来判断是否值得在一个区域购置房产，能够有效保证房产保值增值。

一般情况下，如果一个地方的租金回报率偏低，大多意味着房价有可能是虚高，存在炒作的成分。所以，租金回报率的分子（年房租），往往意味着当地打工人的真实收入，以及宁愿租房子也要留在这座城市的意愿。

当租金回报率偏高时，多半意味着这座城市拥有巨大的发展潜力，人已经进入城市，但房子的价格却没怎么上涨，正是入场的好时机。

2022年的相关数据显示，一线城市市中心的租金回报率由高到低的排序是：上海（1.81%）、北京（1.49%）、广州（1.34%）、深圳（1.05%）[①]（如图5-4所示）。很多二线城市的租金回报率相对更高，比如沈阳（2.50%）、成都（2.57%）、哈

---

① 数据来源：Numbeo 数据。

尔滨（2.88%）、南宁（2.51%）、贵阳（3.12%）[①]。

所以，如果在一线城市打拼很累，不妨向周边城市走走，也许在那些城市会有更多的机会。

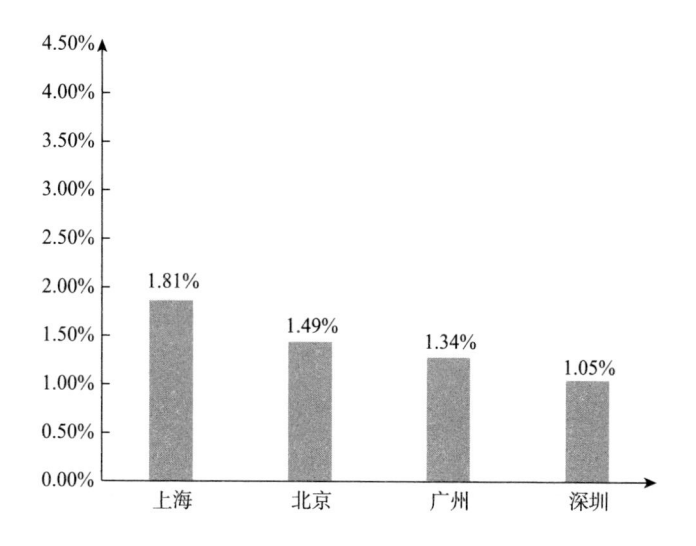

图 5-4　2022 年老一线城市市中心的租金回报率

---

① 数据来源：诸葛找房数据研究中心。

跳单是什么意思

2022年2月,一则质疑某对明星夫妇买房时跳单的新闻引起了广泛关注。跳单指房产中介为购房者提供订立合同的交易机会,而房产买卖双方在获得了对方的交易信息后绕过中介,直接达成交易,进而逃避支付房产中介报酬的行为。简单来说,跳单就是购房者享受了房产中介的服务,却绕过房产中介与房主直接签约。在二手房买卖市场中,跳单的现象非常普遍,主要原因就是中介费普遍偏高,大多可以占到房屋总价的1%~3%,也难怪有些人会跳单了,毕竟购买的房子总价很高。

虽然跳单是一种普遍现象,但它实际上是一种违法行为,一旦法律认定跳单事实成立,当事人就需要向房产中介赔偿损失。鉴于这一点,很多房产中介公司开始想方设法钻空子。这些公司会安排自己的员工去扮演房主的角色,和现场的同事唱双簧。一旦搜集到客户和房主直接联系的证据,他们就会马上起诉,要求赔偿。

不过，购房者也不要被房产中介给吓唬住，因为法律对跳单的判定相对严格，能被判定为跳单的情况实际很少很少。是否为跳单行为，主要由以下三方面决定：一、委托人和房产中介是否订立了有效的房屋买卖中介合同；二、房产中介是否按照房屋买卖中介合同的约定提供交易机会或媒介服务；三、按照房屋买卖中介合同的约定，中介人向委托人提供服务之后，委托人是否利用了中介人提供的这一服务而订立合同，这是判定是否构成跳单违约的一个关键。

由此可见，买家只需要能够证明，在这家房产中介以外的任何地方可以看到房东挂出来的卖房信息，或者在这家房产中介提供房产信息之前，自己就已经获得了一模一样的信息，无论是网上搜到的也好，还是线下听来的也罢，那么跳过房产中介都不用支付任何费用，也不用承担任何法律责任。毕竟，房产中介骑着一辆电动车带购房者去看看房就能赚到钱的时代已经过去了。

老家房价破万了，值不值得买

2022年，很多媒体都报道了一则消息，说的是国内房价均价破万的县城已经达到了117个[①]，均价破2万的县城达到了8个。很多人看到这则消息后都开始蠢蠢欲动，觉得这是全国县城房价起飞的先兆，于是就想回老家买一套。

如果你属于刚需人群，以后想回老家工作生活，那么买一套当然没问题。但如果你是想通过买房来增值，则不建议这么做。

想回老家县城买房的人多半是对上面的新闻出现了理解偏差，以为房价破万的县城数量很多。实际上房价破万的117个县城占全国县城总数（1472个，不包括县级市）的比例很小，连8%都没到（7.95%）。而且，这种既不谈交易量，也不谈对比走势的数据，本身就毫不可信。这个数据的背后是全国有近92%的县城房价不过万，而且大部分县城的房价不

[①] 数据来源：第一财经。

仅不能过万，甚至连5000元都不到。

截至目前，我国城镇化建设还在进行中，县城房价涨幅有限，所以能在三线以上的城市买房，就不要在县城买房。如果想真正了解房子是否有升值的空间，就必须从卖不卖得动上着手。而经济学中的去化周期[①]恰好就是衡量一个地区房屋供需程度的指标。通俗来说，去化周期就是按照近期的销售数据，估算一下把各个房地产开发商手上还没有卖出去的商品房库存全部卖掉需要花费的时间，时间越长就说明房屋越过剩，市场萎靡。

根据易居研究院数据，截至2022年年底，全国100个城市新建商品住宅库存总量约为5.3亿平方米，相比2021年年底的数据增长了1.3%。其中，一线城市、二线城市、三线和四线城市的新建商品住宅库存总量分别为3 360万平方米、26 572万平方米和23 126万平方米，相比2021年年底，增速分别为7.4%、–0.1%和2.0%。而且在100个城市中，一线城市、二线城市、三线和四线城市的新建商品住宅存销比分别为12.4个月、18.0个月和21.9个月，去化周期都超过一年。

自2020年12月以来，无论一、二线城市，还是三线和四线城市，去化周期都在增加，而三线和四线城市的去化

[①] 去化周期，是指商品房的销售周期，"去化"在房地产领域就是销售的意思，新建商品住宅去化周期一般由新建商品住宅的存量除以此前12个月的月均成交量得出。

周期明显要比一、二线城市的更长。这也就意味着，很可能在接手某些偏远县城的房子以后，购房者会面临更大的置换挑战。

所以，不要相信某些媒体的片面报道，也不要听信房地产开发商的一面之词，你想赚的只是便宜，而人家想要的却是你用下半辈子赚的钱为其接盘。

提前还清房贷，更划算吗

2023年年初，有一次和朋友吃饭，席间她抱怨说："去年12月份我向银行预约了提前还贷，到现在快两个月了，审批还没通过。打电话问说10月的预约还没处理完……"我只好安慰她两句，让她耐心再等等。

的确，2022年的一系列利率下调的操作，让越来越多的人倾向于提前还贷。那么，为什么以前很多人不这样选择呢？主要是因为他们看中了两样东西。

1. 理财收益可以覆盖房贷利息

举个例子，商业贷款60万元一年还清，合同里写的年利率是6%，即便是等额本息还款方式（等额本金利息更少），实际上一年要还的利息也只有19 678.29元，折算下来实际年利率不过3.28%。这时候，只要找到一个年收益率大于4%的理财产品，就可以高枕无忧。

但是2022年1月出台新规，打破了刚性兑付，理财产品不再保本、保收益，就像买股票、基金一样，投资者自负盈亏，再无保底。没有了保底，一些所谓的明星理财产品，在寻常年份都可能颗粒无收，更何况在2022年这种突发事件频发的年月，不亏本就已经算赢。所以，在这种情况下，提前还房贷就可以少还一部分利息，远比乱投资更加理智。

2. 靠房贷跑赢通货膨胀

还有一部分人之所以没有选择提前还贷，是因为听了某些专家的话，认为可以靠房贷跑赢通货膨胀。通俗来说，某些专家的理论是这样的：把一套房子的全款拆成五套房子的首付，留下一套自用，剩下的四套等到N年之后物价猛涨，200万元的房子涨到600万元，那么再出手卖掉，就可以一下子赚到1 600万元。

这种情况不是不可能发生，但需要一个必要的前提条件：房价单边上涨且供不应求。但在现实中，这两种情况都不太可能出现。

2022年，全国商品房销售面积为135 837万平方米，比2021年下降24.3%。商品房销售额为133 308亿元，比2021

年下降26.7%。[1]很多排名前一百的房地产开发商，商品房销售额甚至跳水50%以上。

房地产行业下行，房价不再上涨，买的房越多亏得就越多。整个市场环境已经发生改变，从2022年开始，房子从卖方强势，逐渐走向了买方强势，而买方强势的表现就是兜里有钱、现金为王。

---

[1] 数据来源：国家统计局。

为什么说二手房的水很深

相对新房市场，之所以说二手房市场的水很深，是因为二手房购房后容易出现很多虚假欺骗问题。所以，我们在买二手房时，不仅要看房子，还要看房主的人品。

比如，买房后才发现房主已经在之前把房子租了出去。而法律规定，买卖不破租赁，即在租赁关系存续期间，租赁物所有权的变动不影响租赁合同的效力。这种问题解决起来难度很大，基本上是一道接近于无解的难题。

举个例子，某人购买了一套二手房，在成交之前顺风顺水，但成交以后，房主忽然联系不上了，且房主二舅找上门来说："在前一个月，房东已经把这套房子租给我了，而且一次性收了20年的租金。"

这时，购房者基本只剩下两种选择：一是履行租约，让这位老大爷舒舒服服地住上20年，而且不收租金；二是按照租房合同上的违约条款，干脆地赔上一笔钱。这笔钱可多可少，虽然可以私下商量，但新买的房子还没住进去就无缘无故地先花上一笔钱，总是让人很气愤的。

而尴尬的地方在于，这份租赁合同不需要去相关部门登记，只要房主二舅能拿出白纸黑字证明合同是真实的，购房者就得乖乖认栽。

当然，凡事有例外，如果购房者遇到两种很特殊的情况，就可以通过法律来维护自己的权益。

一是法拍房。如果购房者买的是法拍房，而且房子是被先抵押出去（时间很重要）的，后来签订的租赁合同就是无效的。所以，在法拍信息栏里，房子的租赁情况会明白地写着：无。这种租赁合同，即使租约签了20年，购房者也能拒绝。

二是恶意租赁。以上面的例子来说，购房者可以直接拉着房主的二舅去法院，让法院裁定这份合同是否属于恶意范围。法院会从银行流水、租赁市价等一系列的角度去考虑，最后给出回复。一旦判定为恶意租房，那么购房者也可以直接拒绝房主二舅的要求。

除了这种恶意租赁的情况，购买二手房也容易遭遇产权风险，比如假房主伪造房产证卖房、出售有多次抵押的房子，等等。如果购房者一时疏忽或贪便宜，低价购买这些二手房，最后很有可能会面临巨大损失。

所以，很多专门操作二手房的人，不但会提前要求房主签署一份没有租房合约的承诺书,还会对房主做详细的调查,比如,在房子所在地区是否有稳定工作,子女的工作单位情况是否良好,短期内是否有出国的准备,等等。这些都是在看房子以外,买二手房时必须做的功课。

低楼层老房和高楼层新公寓哪个好

最近有个朋友买的新房装修完成,请身边的朋友去给他暖房,大家如约而至。但是,有几个朋友看到他的新房都感到很诧异,原本以为他会买高档的电梯新公寓,因为他是标准的城市精英,但没想到他买的是一套步梯二手房,而且是五楼。于是大家问他为什么选择这套房子,他说是为了锻炼。

这当然是玩笑话。其实这个朋友并不是个例,越来越多的人开始选择步梯板楼。原因当然并不真是为了通过爬楼梯来锻炼,这背后其实有着更长远、更深层次的思考。因为他们可能考虑到了若干年以后,当房子出现老化问题的时候,维修基金够不够用的问题。

要知道,虽然商品房的土地使用权大多数是 70 年,而且到期之后还可以续期,但是大多数房子的设计使用寿命却只有 50 年,而配套的电梯、防水层的使用寿命则只有 15 年左右(如表 5-3 所示)。所以在现实中,很多房子在盖好的第

15年左右就会出现各种老化问题，比如外立面脱落、电梯故障、下水管道堵塞等。

表5-3 房屋各结构设计使用年限[1]

房屋结构	保温层	防水层	电梯	水电暖
期限（年）	25	10~25	15~18	20~50

这时候，如果想要修补，就需要用到维修基金。这笔钱在购买新房时，通常人人都需要上交。金额不会太高，一般会控制在房价的3%左右（各地标准不同），即一套100万元的房子，维修基金大概是3万元。与需要投入的维修资金来说，这笔钱远远不够用。

一旦初代业主交的维修基金被物业用完，下一次的电梯维护、外立面装修就需要所有业主掏钱。等到那时，就算物业有耐心去一家家敲门收钱，也很难保证那些搬走空置的、把房子租出去的户主还能联系上。即便能够联系上，那些顶层的屋顶漏水、低层的下水管道更换等问题，也很难让中间的业主买单。

而一般每栋五六层的低楼层老小区，每栋住户往往不会超过二十四户，大家或许还能平心静气地好好协商。可是每栋十八层的高楼层公寓，每栋住户增加了很多，这样一来想要

---

[1] 数据参考：《建筑结构可靠性设计统一标准》(GB50068-2001)。

协商几乎是不可能完成的任务。而且,其中还有相当一批是包租公,对他们来说,房子不是自己住,是新是旧都无所谓。

这样一来,那些十几层、二十几层的高楼层公寓就充满了未知变数。如果没有足够的维修基金,居住质量很难得到保障。所以,买房子不是一锤子买卖,一定要全面考虑,谨慎选择。

经济不好，是不是多印钱就行了

月饼券泛滥，会导致很多消费者提不到货，有些甚至会与月饼厂商对簿公堂。而货币超发，则容易引起通货膨胀。所以，无论什么东西，多了都会出现问题。比如2021~2022年的美国，每逢经济遇到困难，其一贯做法就是开闸放水，量化宽松。

但是，印钱不是挽救经济的万能药，它也有行不通失灵的时候。从2021年到2022年，美国已处于通胀状态。2023年甚至更长一段时间内，美国很可能仍被通胀问题困扰。所以，印钱是一把双刃剑，用得好刺激经济，用不好自废武功。

举个例子，19世纪60年代，美国爆发南北战争[①]。通俗来说，就是南边种棉花的农场主和北边开工厂的工厂主打了一架。南方的农场主不但有人、有枪（前期准备做足），还有李将军

[①] 南北战争，美国历史上规模最大的一场内战，参战双方为北方资本雇佣劳动制各州和南方种植园奴隶制各州。这次战争以南方炮击萨姆特要塞为起点，最终以北方胜利告终。

（罗伯特·爱德华·李）和杰克逊（托马斯·卓纳森·杰克逊）这种绝世战将，他们最擅长的就是以少胜多。

所以在战争之初，北方被打得无力招架（当然北方人本身也不想打），而且战争消耗了北方政府大量的资金，北方急需资金挽救战局。好在当时北方的总统林肯足智多谋，金融手段非常高明，他发行了一种债券——"绿背欠条"，并承诺年利率为5%。

而林肯的高明之处就在于对这种债券的发行量的把握，他以绿背欠条购买力为导向，购买力弱就停止发行，等待市场消化，市场消化完毕再继续发行，以此控制通货膨胀。这样一来，北方既有了大量资金，又没有通货膨胀困扰，经济实力不断增强，而经济的繁荣大大促进了北方军事力量的增长。

看到此种情形，南方政府有样学样，也开始了自己的印钱模式。但他们不知道的是，北方政府手段高明懂得克制，在整个南北战争期间只印发了4.5亿美元绿背欠条。

而南方政府不知道其中的利害关系，直接印发了15亿左右的钞票（其中有北方民间模仿的功劳），这让南方的物价飞涨，有些商品甚至翻了9倍。南方不仅无法再和实力雄厚的北方一争高下，就连日常买化肥都成了问题。很多南方农场主只好开始使用北方的票子，最后南方群体很快便投降了。

北方的绿背欠条就是现代美元的前身。在当今社会更是如此，如果无节制地发行货币，一定会造成通货膨胀，甚至就连发行一些类似货币的代金券，如买房券，经过一些银行、相关机构的层层放大，也会对相关市场造成很大的影响。

PART 6

日常生活里的经济学

父母留下来的房子，亲戚也能分到吗

在大部分人的认知里，一个人的房产理应由其子女继承，如果没有子女，才可能轮到其他人。但事实并非如此，比如父母留下的房产，除了子女，叔叔婶婶、伯父伯母也是有可能会分到的。只是在继承房产时，大多数人会理所当然地把顺位继承①排到前面。

大家往往认为，只要一个人的另一半、父母、子女或者子女后代这四拨人中，还有一个活在世界上，那么这个人留下来的房子就只能在他们家庭内部分解掉。只有在这四拨人都不在时，这个人的兄弟姐妹们才有机会对这套房子进行分割。

但实际上，房产继承有三种方式，即遗嘱继承、遗赠扶养协议、法定继承，顺位继承可能是排在最后的。在它前面

---

① 顺位继承是按照法定继承的顺序继承，法律规定的继承顺序为配偶、子女、父母。第一顺序继承人与被继承人之间存在着法定的、无条件的抚养和赡养的义务关系，在被继承人死亡时，享有法定的继承权。

还有遗嘱，在遗嘱前面还有遗赠扶养协议，即"活着的时候你养我，我走了以后房子就归你"这种双务合同。所以，你的叔叔、婶婶，甚至是两旁世人，都有可能会分走你父母的房子。

而且仅遗嘱这一项，又能分出公证遗嘱、自书遗嘱、代书遗嘱、口头遗嘱、录音录像遗嘱、打印遗嘱六种形式。

更重要的是，这六种遗嘱形式并不存在效力方面的强弱差别。只要是最后一份，无论采取哪种遗嘱形式，都可以轻松地否定掉前面立下的遗嘱。

在这些遗嘱或者遗赠扶养协议中，父母可能会把房子交给兄弟姐妹中的任何一个，甚至因被骗而交给一个毫无关系的邻居或路人。我国著名作家薛忆沩写过一部以他母亲为原型的书《空巢》，书中讲述的就是一个子女缺位的老人，因缺乏关爱而给了骗子可乘之机，遭遇电信诈骗，很多资产都被骗走的故事。

所以，很多细心的子女无论工作再怎么忙，都会尽量把老人接到自己的身边进行照顾，实在不方便也会隔三岔五地发个视频和老人拉家常。这并不是说当子女的贪图父母的房子或者票子，而是避免空巢的父母被一些别有用心的个人或者团队盯上，影响到他们的健康和安全。

为什么古代的银号,有时候取不出来钱

我们平时看古装电视剧,有时候会看到这样的情形:老百姓或者生意人拿着银票去银号取钱,结果被告知银号无钱可取。不管是单独开在小镇上的独立小银号,还是开在全国大城市的连锁大银号,都有可能出现这样的情况。这到底是怎么回事呢?这一切都跟坏账率有关。

举个例子,古代的银号对掌柜进行业绩考核时有一个很重要的指标,就叫坏账率。什么意思呢?掌柜把钱借给商人去做生意,这很正常,但重要的是,借出去的钱要能够连本带利地收回来。如果一笔钱借出去之后收不回来,那这笔钱就叫坏账。坏账占总账的比例,就叫坏账率。

当坏账率高到一定水平的时候,就说明这个掌柜的能力不行,很可能离开当前这家票号,其他票号都不会收他,因为业内口碑是互通的,几乎各行各业都是如此。

于是，有些掌柜为了压低坏账率，就会铤而走险，做些拆东墙补西墙的操作。比如，在隔壁老五欠的账就要还不上之时，恰好有一个大户存进五百两银子。那么，掌柜就会在明面上依然给大户开银票、记存单，实际上却会偷偷地指挥手下的伙计，用这五百两现银先替老五把账还上。

这样一来，在账面上老五的欠款就被平掉了。即使下一秒他再借出五百两，把大户的窟窿给补上，那也是一笔新的借贷，而掌柜的考核就算过关了。

但是常在河边走，哪能不湿鞋？连账都还不上的商人们难保不会让窟窿越变越大。有时候，刚接手票号的新掌柜就会被老掌柜留下的窟窿给吓到。为了保住自己的饭碗，他们也只好上贼船，帮那些商人一层层地挪用借款来补窟窿。直到有一天窟窿大到无法补上，真相就会水落石出。直到这时，那些拿着大批存单的大户才发现自己手上的银票全是废纸，一两银子都取不出来。

《2022年第四季度城镇储户问卷调查报告》显示，我国居民储蓄水平持续走高，2022年第四季度倾向于"更多储蓄"的居民占比61.8%。那么，我们的钱安全吗？会有取不出来的情况吗？幸运的是，拿着银票取不出钱的现象只会出现在古代。在今天，只要是正规的银行，50万元以内的存款都能够获得安全兑付的保障，这就叫时代的进步。

存款利率开始倒挂了，是什么意思

我们都跟银行打过交道，也都知道，把钱存进银行会拿到一定的利息，利息的多少跟存款的期限和方式有关。正常来说，存 5 年的利息要比存 3 年的高，存 3 年的利息要比存 1 年的高。但是，市场还会发生另外一种情况，那就是利率倒挂①，即时间短的存款比时间长的存款利息要高。为什么会出现这种情况呢？举个例子给大家说明一下。

银行赚钱的方式其实不难理解，那就是把储户们存进来的钱，通过各种方式借出去，然后用借款拿回来的利息，去支付应该要付给储户们的利息，赚取其中的差额。但是，突然有一天，来银行借钱的人变少了，甚至没有了，那么银行里就会有一大笔钱在金库里空转，没有利润不说，还要按时足

---

① 利率倒挂，也称收益率曲线倒挂，指在利率期限结构中出现长期利率水平低于中短期利率水平的现象。

额给储户付利息。

这时候该怎么办呢？银行又不能不让别人来自己这里存钱，所以它们能用的方法就是削减中长期存款的利率，再削减短期存款的利率。在这个过程中的某个时间段，就会出现中长期利率接近或无限低于短期利率，这时存款时间短获得的利息反而比存款时间长获得的利息要高。

利率倒挂并不是什么好现象，比如2022年大部分时间，美债收益率就呈现全面倒挂的局面。当时美国国债收益率1年期比2年期高，2年期比10年期高，甚至3个月的也比10年的高[①]，这表明美国经济已处于衰退状态。

对于利率倒挂现象，或许很多人会产生疑问：我把钱存进银行，难道还要倒贴银行利息吗？这倒不至于。欧洲和日本都曾出现负利率的情况，但这种负利率大多也只存在于央行和商业银行之间。对于普通老百姓来说，利率可能会降到百分之零点几，但不会为负（那样大家依然会把储蓄放在家里）。

但是，有时候为了促进借钱消费（增收），银行确实也会开出负利率的条件，来诱惑大家借钱。比如2019年，丹麦第三大银行日德兰银行就推出过-0.5%的10年期贴息购房贷款，

---

① 数据来源：财联社。

虽然有一定的手续费，但是银行还是帮借款人省掉了一部分本金和利息；它的老对手诺底亚银行（北欧联合银行）也跟着推出了固定年利率为 0 的 20 年贷款和年利率为 0.5% 的 30 年贷款。

所以，没那么急迫买房的人完全可以再等一等，也许银行更多的优待还在后面。

房产证上加了你的名字，真的就放心了吗

房产证上写谁的名字，这件事几乎已经成为全民皆在讨论的一个话题，尤其在面对结婚这件人生大事的时候，这件事显得尤为重要。但是，在房产证上加上了你的名字，你真的就可以高枕无忧了吗？真的就会变得幸福吗？不尽然。

比如，在社会新闻中我们经常可以看到类似的事情：一对刚结婚的小夫妻因为房产署名问题发生了争执，甚至闹到要离婚的地步。一方声称，对方婚前同意在房本上加上自己的名字，婚后却突然变卦。另一方却认为，对方没有分担婚房的首付，坚决不同意加对方的名字。

其实，如果仅仅因为房产证上加没加名字这件事而闹得不愉快，甚至离婚，是完全没必要的。因为有时候，就算将对方防得再严实，另一方想要滑头的话还是很容易的。

比如，一对夫妻在结婚以后买的房子，在正常情况下，无

论谁出钱，写谁的名字，只要没签一些额外协议，那么此房子就应该一人一半。但是，如果在实际购房时，其中一方把这笔买房子的钱从自己父母的卡上转一圈，事后其父母就可以和他补签一份借款合同。这种情况下，房子虽然是一人一半，但用于共同生活的债务同样是一人一半。如果未来两个人离婚，那么其中那方的父母完全可以说，当初买房子的钱是他们借给他的。这时，不管房产证上有没有另一方的名字，另一方都要如数奉还另外一半买房的钱。

这种赠予转借款的套路足够把所有婚前的彩礼、嫁妆、房子、车子等资产给全部磨平。而且这种做法时间长，足可以积沙成塔，根本就找不到什么破绽。毕竟子女有赡养老人的义务，就算平时给他们再多的生活费，也是理所应当的事情。成为夫妻很容易，如果双方真的走到了这一步，也就没有了结婚的意义。

如果房子是一方在婚前所买，并已经付清全款，那么此房子一般就属于其个人财产，而不是夫妻共同财产。但如果结婚前一方自己出首付款，婚后共同还贷，则婚后共同还贷以及婚后增值的那部分则为夫妻共同财产。比如，房子总价为200万元，男方在婚前已经付了120万元首付，但月供却是从双方的工资中来扣，那么女方至少可以占到房子15%的份额。

婚姻的意义在于相互扶持，相伴到老，与其把精力花在房产证上加不加名字这种事情上，还不如好好经营自己的婚姻，这才是人生意义的正解。

中国动漫行业路在何方

一提到动画片，大多数人首先想到的就是日本和美国迪士尼出的，很多孩子是看着日本、美国的动漫成长起来的。其实，我们自己也曾创造属于我们的动漫世界，让孩子多看看那些辉煌的中国动漫，应该是一种更好的选择。

1957年，上海美术电影制片厂成立。在20世纪的60年代到90年代，上海美术电影制片厂创作了《大闹天宫》《小蝌蚪找妈妈》《哪吒闹海》等大量优秀的动画作品，可以说是"出道即巅峰"。就连"动画之神"宫崎骏也是因为看了我们的动画片才走上动漫之路的。

细数中国动画片的辉煌历程，绕不过就是上海美术电影制片厂的《大闹天宫》（1964年）。当年，这部动画片几乎横扫了全世界，不但拿下了第二十二届伦敦国际电影节最佳影片奖，就连一向吹捧迪士尼动画的美国人，也不得不服软，美联社就报道称："《大闹天宫》比迪士尼的作品更加精彩，美国绝不可能拍出这样的动画片。"

而创作出《大闹天宫》的上海美术电影制片厂，更是一度成了宫崎骏心中的圣地。除《大闹天宫》以外，上海美术电影制片厂还打造出了多部获奖无数的经典的动画片，比如《小蝌蚪找妈妈》（法国第四届安纳西国际动画节短片特别奖）、《哪吒闹海》（菲律宾马尼拉国际电影节特别奖）、《鹬蚌相争》（第三十四届西柏林国际电影节最佳短片银熊奖）等。

巅峰背后，几乎聚集了当时整个艺术界的心血。

为了画好《牧笛》（1963年），国画大师李可染先生亲自动手，画了十四幅牧牛图为美术人员打样；为了画《九色鹿》（1981年），创作团队花了两个月的时间沿着丝绸之路前往敦煌的莫高窟，他们在敦煌的千佛洞住了23天，对着壁画临摹了五大本速写。

为了让《宝莲灯》的配音更有感染力，剧组聘请故事片电影的录音师和电影演员来为片中角色配音，姜文（二郎神）、陈佩斯（孙悟空）、徐帆（三圣母）等名导影后在片中都有精彩演绎。像那句放到今天依然被无数人提起的"我今天不把他打得满脸桃花开，他就不知道花儿为什么这样红"就是陈佩斯老师自己的创意。

当年的国产动画无论是在画面上还是音乐上，各行各业的顶尖高手都献出了自己的一份力量，但令人遗憾的是，在《宝莲灯》之后国产动画迅速衰落下去。

而随着中国在2001年加入了世界贸易组织，商业化冲击了整个动画市场，工厂流水线式的日漫和迪士尼赚得盆满钵满。而此时的上海美术电影制片厂仍然在坚持以传统手绘方式来制作动画，由于周期太长使之渐渐失去了竞争力。后来，随着国内经济的高速发展和大量外资动画的入场，导致低薪的画师纷纷下海或跳槽。

至此，上海美术电影制片厂的重心从内容逐渐转向了市场。面对市场经济的冲击，上海美术电影制片厂不再注重内容的创作，转而开始追求经济效益，从此便开始走下坡路。

但无论如何，国外动漫再精美的周边、再真实的特效也取代不了大闹天宫背后所象征的中国美学，这些应该由我们一代代地传承下去。而近些年来《大圣归来》《哪吒之魔童降世》的爆火，也为国产动画片带来了新的曙光，鼓舞了人们对中国动画电影的信心。

去美容院减肥靠谱吗

2022年4月,刘畊宏爆火,很多人做起了"刘畊宏女孩""刘畊宏男孩",纷纷上传健身视频,等待"批作业",健身、减肥受到全民关注。

通过锻炼来减肥,这当然是一个正确的选择,但是很多人却坚持不了,他们想要的是不动一下就可以达到减肥的效果,于是便把目光对准了一些医美机构,比如直接使用科技手段进行抽脂。但是这种减肥方式让你减掉的很可能不仅仅是身上的肥肉,如果运气差,轻则受伤,重则残废,甚至因此丧命都有可能。

目前市面上的美容机构分为两类:一类是医疗美容,另一类是生活美容。其中医疗美容开设流程和医院相差不大,从选址到排污规划都需要向卫健委申请报备,可提供的医疗服务也需要在规定范围内进行。

此外,不同级别的美容机构对应不同的服务,比如诊所级别的美容机构不可以隆胸，门诊级别的美容机构不可以抽脂，这些美容机构的服务内容时时刻刻都在监管之下。即使是这样，2022年仍有14%的美容机构出现违规操作，比如虚假宣传、黑医美乱象等。《2022年中国医美行业白皮书》显示，2018年后，医美行业行政处罚案例数量逐年增加，2021年高达5 659起（如表6-1所示）。

表6-1　2018~2021年医美行业行政处罚案例数量[1]

年份	2018	2019	2020	2021
数量（起）	2 205	4 400	4 679	5 956

正规渠道设立的美容院尚且如此，更不用说街道两旁那些挂着"轻医美"招牌的会所，它们几乎与美甲店一个水平，不但没有资格注射各种美容针、抽脂（只能做按摩、美甲这类非穿透业务），甚至连一些医疗器械都不想从正常渠道购买。

根据艾瑞咨询发布的《2020年中国医疗美容行业洞察白皮书》，目前医美市场上流通的针剂中，正品率只有33%。这就意味着，每3支瘦脸针、美白针中，就有2支的质量得不到保证。而且，操作这些非法针剂的人员很有可能就是只接受了几天培训的非专业人士。毕竟想挖有1~5年经验的执业

---

[1] 数据来源：《2022年中国医美行业白皮书》。

医生，月薪就需要开到 2 万 ~5 万元；想挖 8 年以上的主治医师，月薪得给到七八万元。而请非专业人士，即使被抓现行，也只不过罚款 1 万 ~2 万元、没收器材而已（前提是没有事故，各地标准也不同）。第二年换个地方，这些美容机构又可以重新开张。

2019 年，我国合法合规的医美机构占比只有 12%，合法医师占比只有 28%，其中还有相当一部分"飞刀医生"，如果去除他们，那么常驻医美机构的执业医师行业占比就会降到 10% 以下。其后果就是，每年这些黑医美机构致残致死的人数已经达到 10 万人左右。到 2022 年，这种现象仍没有太大变化，医美机构违规经营已成行业顽疾。

人员不靠谱，药物也不靠谱，在这种医美机构减肥，想想都让人胆战心惊。所以就算真心想减肥，也没必要把命搭上。多运动、适当饮食才是减肥的最佳选择。

数字人民币和 SWIFT 是什么关系

2022 年，由于某些地缘政治危机出现，关于经济制裁的新闻屡见不鲜，SWIFT[①]由此成为网上热议的话题。在讨论过程中，很多人将其与数字人民币[②]对比起来，甚至有部分好事者说数字人民币就是为了取代 SWIFT 而生的。实际上，二者关系并不大。

SWIFT 是一个资金清算系统，由环球同业银行金融电讯协会管理，它服务的顾客比较特殊，是世界上的各家银行机构。

举个例子，假如你在外国留学，你的身处国内的父母想给

[①] SWIFT，一般指国际资金清算系统。
[②] 数字人民币，由中国人民银行发行的数字形式的法定货币，由指定运营机构参与运营并向公众兑换，以广义账户体系为基础，支持银行账户松耦合功能，与纸钞硬币等价，具有价值特征和法偿性，支持可控匿名。

你寄一笔生活费，那么你的父母大概率会先去国内的A银行填张汇款单子，收到钱款的A银行，会按照SWIFT规定格式，给你开卡的B银行发一封邮件。

B银行确定信息准确无误后，一般会提前把这笔款项预支到你的卡上。而你父母寄出的钱，可能还卡在某个地方的清算机构或者代理行、中转行中，等待各种审批文件（如图6-1所示）。

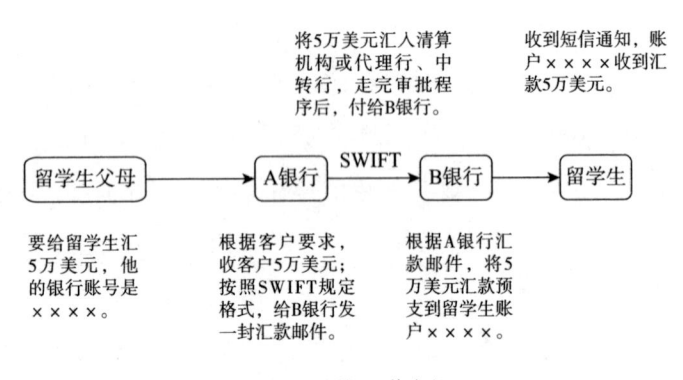

```
留学生父母  ——→  A银行  ——SWIFT——→  B银行  ——→  留学生
```

留学生父母：要给留学生汇5万美元，他的银行账号是××××。

A银行：根据客户要求，收客户5万美元；按照SWIFT规定格式，给B银行发一封汇款邮件。

（中间）将5万美元汇入清算机构或代理行、中转行，走完审批程序后，付给B银行。

B银行：根据A银行汇款邮件，将5万美元汇款预支到留学生账户××××。

留学生：收到短信通知，账户××××收到汇款5万美元。

图6-1　国际汇款流程

简单来说，SWIFT本身只是一套国际银行之间的通信渠道，可以理解为一种银行俱乐部，国内的很多银行，如工、农、中、建、交等，都是它的会员。但是，很多国家对SWIFT颇有微词，认为它只听美国的话。

在国际金融市场上，之所以有"美国控制SWIFT"这种说法，是因为美国能够随意查阅SWIFT中的交易信息，一旦发现异常,就会迅速出击,对一些银行或者地区发动制裁。

但是对于中国来说,SWIFT这只眼睛却没有很大用处。因为早在2015年,我国就已经成立了自己专用的人民币跨境支付系统(Cross-border Interbank Payment System,简称"CIPS")和运营机构,这套系统不但有全部通用的报文标准,还可以进行实时结算,从发邮件到成交整个流程,基本全部包括在内。

一般来说,CIPS想让别人看到的信息,才会在SWIFT中显示。截至2022年12月末,已经有1 360家机构参与到CIPS中,分布于全球109个国家和地区。

所以,SWIFT如果有对手,那也是CIPS,但是SWIFT与CIPS在成立背景和定位、功能、客户范围、业务体量等各方面均有本质区别,二者并不是竞争关系,相反它们可以互补并行,协同发展。

为什么介绍相亲的时候，
总喜欢提门当户对

2001 年，台湾偶像剧《流星花园》风靡两岸，灰姑娘遇到霸道总裁的故事总是让人心驰神往。大部分年轻人认为恋爱结婚两情相悦最重要，很多女孩非自己心目中的"道明寺"不嫁，很多男生也要找到自己的"杉菜"。

但是对于大多数父母来说，家庭背景、财富水准、学历水平等都差不多的门当户对，却是一种金科玉律，不容打破。

如果是个别情况尚可理解，但这却是大多数父母的想法，所以不免会引人思考：为什么他们如此坚持这种想法？或许有人认为，相近的家庭背景和生活环境，大概率会产生相近的社会认知和生活习惯，而这些可以为夫妻日后的共同生活打下基础。这是一种从情感上来理解的原因，其实也可以在经济学里找到这种现象的原因。

在经济学中，有一套理论叫帕累托优化①。通俗来说，帕累托优化就是只有在不损害其他人利益的前提下，提升自己，才能获得所有人的支持。

举个例子，结婚以前，女方家里的生活水平是 10 分，男方家里的生活水平是 5 分。结婚以后，如果新家庭的财富从 0 开始，那么夫妻两人平均的生活水平就会在 7.5 分左右波动。

对于男方来说，这可以说是一个质的提升，但是对女方父母来说却不是这样，看到女儿受苦（生活水平降低）心里自然会很不愿意。尤其是一些从小就富养女儿的父母，既舍不得女儿吃苦，又舍不得自己积攒的资源被分散，所以他们往往会产生很强的抵触心理，对男方百般刁难。

但是为什么在现实中，很多女孩依然不顾父母的反对选择了比自己条件差的对象呢？因为爱情这种理由太虚无，实际上它也可以在经济学里找到答案。

因为在帕累托优化的公式里还有一个变量，那就是新家庭的成长速度。如果新家庭的生活水平能靠夫妻二人迅速爬升到 10 分，那么对于 10 分的一方来说，生活水平就能维持不变。而当生活水平能够超越 10 分的时候，夫妻两边的家庭都能实现帕累托优化，两家人的生活水平都能获得质的提升。

---

① 帕累托优化，是指基于帕累托最优变化，在没有使任何人境况变坏的前提下，使得至少一个人变得更好。

不得不说这样的女孩子是非常有眼光的，她们在最初的时候就相信男方的能力，相信两个人即使从零开始，也能够通过奋斗提升生活水平。

但是有时候冷静下来仔细思考，门当户对也并非完全没有道理。两个人从谈恋爱到结婚，再到生活一辈子，总要有共同的语言、共同的价值观，这样才能更容易幸福地走下去。

为什么家里烧的菜要比
饭店里的好吃呢

很多上班族都有这样的体会,那就是外边大饭店里的菜做得再精细,也可能不如家里妈妈或妻子炒的一盘小菜。按道理来说,饭店请的都是专业厨师,用的材料也都经过精挑细选,为什么还抵不过普通百姓的一日三餐呢?

其实,这可能是因为你在外面吃的菜并不是传统意义上的菜,而是流水线生产出来的半成品,只不过到饭店进行了最后一道加工的程序而已,这就是 2020 年以后非常流行的预制菜[①]。

国内最早的预制菜,还要从肯德基进入中国说起。

在 20 世纪 90 年代以前,厨师是一份相当吃香的工作,他

---

① 预制菜,指将畜、禽、水产品等,配合各种辅料,提前进行洗、切、加工等程序,然后以冷冻、真空方式包装保存。消费者们拿到手之后,只需要经过简单的烹调就可以直接食用。

的心情和手艺几乎能够直接决定一家饭店的生死存亡。当时，就算是饭店老板也不敢和大厨高声讲话。但是，这种现象自1987年开始发生了变化。

当年，内地的第一家肯德基（KFC）门店正式开张。工厂流水线式生产，门店简单切配，连一份汉堡都不需要做，开业前三个月平均日销售额能够达到4万元以上（当时上海平均月收入为190元），位列全球7 700家肯德基门店之首。1988年，内地的肯德基门店更是直接拿下全球日销量和年销量两个冠军，这让还没有在内地布局的麦当劳羡慕不已。

同样眼红的还有各路资本，他们第一次发现，流水线式的快餐不但能够摆脱对大厨的依赖，还能满足上菜快的客户需求。于是在2000年前后，"中央厨房"的餐饮模式横空出世。

这种模式就是上头统一采购（有利于压低进货成本），制作半成品（节省人工和能源损耗），然后进行包装、冷冻，再送往各家门店。在客户下单后，门店的服务员进行简单的加热处理，在牺牲了菜品的新鲜度和口感以后，快餐门店就可以省下高额的人工成本和水电燃气。

根据中国饭店协会的数据，2017年以后，开一家传统型餐厅（门店有专业厨师且有部分菜品清洗切配），房租约占总成本的10%左右，水电燃气占5%，而人员（主要是后厨人员）工资要占到22%（如图6-2所示），基本与净利润相同（20%）。

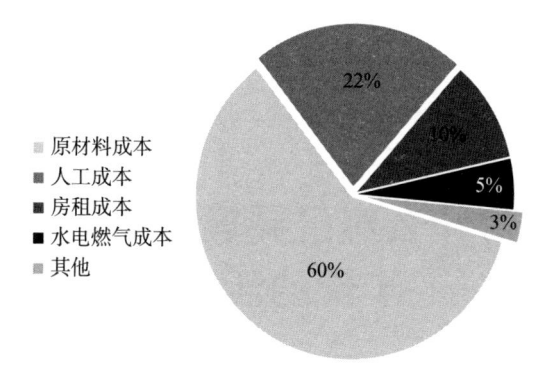

■ 原材料成本
■ 人工成本
■ 房租成本
■ 水电燃气成本
■ 其他

22% 10% 5% 3% 60%

图 6-2 传统餐厅成本的大概构成

但是开一家预制菜（半成品）餐厅，门店大厨的这部分成本就可以直接砍掉，人工马上就能降到总成本的 12% 左右，连带着水电燃气的成本比例也能够降到 3%，这样净利润就能上升到 27% 左右。

线下连锁门店就是靠这 7% 的净利润差额，疯狂地挤压菜品价格和传统门店的生存空间，而线上的资本也在背后推波助澜，将预制菜铺进了更多的大街小巷。

这就是预制菜火爆的前因后果。但是，对于大多数人来说，需要思考的是：资本力捧的更快、更便宜的快餐，是否真的比更新鲜、更健康的自家菜重要呢？

为什么景区要搞本地人半价的活动

很多景区都会在淡季对门票进行打折促销,尤其针对本地人,更是会不定期开展门票半价甚至免门票的活动。其实这是差别定价①,是一种很常见的现象,不仅在景区能看到,在很多行业也会有这种现象。

举个例子,很多卖巧克力的商人在选择产品路线时都会犯难:如果选择高价轻奢精品路线,价格太高会影响销量;如果选择薄利多销的低端路线,利润就有限。这时候,精明的商人会怎么选呢?他们会把一模一样的商品通过一个又一个精心的设计来迎合不同的用户群体,从而卖出不同的价格。

同样的道理,对于外地远来的游客,一张门票无论卖100元还是300元,他们大多都不会有异议,毕竟与时间、路费相

---

① 差别定价,又被称为"弹性定价",指的是卖家可以根据不同的需求用不同的价格来给同种产品制定价格。

比，门票这点钱实在算不得什么。但是，对出小区走20分钟就能到景区的本地人而言，有几个人愿意花几百块钱去看身边已经非常熟悉的风景呢？所以，这时候景区只有抛出"本地人半价"的活动或者直接免门票、只收游览车的钱，才可以吸引这些原本不可能过来的本地游客。

景区人数变多，买饮料和小吃的人就会增加，景区收入就增加了，而且这不会影响外地人购票，该原价买票的外地人还是会照样买票。

当然，对于景区来说，差别定价是一种营销策略，但是对于消费者来说，这种情况就有点不太友好了，有的人甚至认为这是一种明显的双标行为，但这样做又的确是在规范经营的范围内。

从差别定价这个角度来说，我们在这里其实还可以做一下延伸，对这个概念进行一下详细的了解。

大数据杀熟[1]，很多人应该都不陌生，其实这就是差别定价的一种表现，只不过更加隐秘而已。

商家利用大数据宰熟客的方式可谓多种多样，如对不同用户的计价优惠有差异、对于新老用户定价不同、增加老用户消费难度、搜多了涨价、限购等。

尤其是在线旅游平台，已经成为大数据杀熟的重灾区之

---

[1] 大数据杀熟，指同样的商品或服务，老客户看到的价格反而比新客户要贵出许多的现象。

一。2022年，有位明星就在微博上提到某旅行网："你家数据杀熟有点恶心，明明三千多的票，点进去就变成六千多，最后变成一万多。吃相太难看！"

再比如，我们在电商平台购买某些商品，收货地在县城的要比收货地在城市的更便宜一些。如购买一部同一品牌、同一型号的手机，收货地址在北京，售价是5899元；但收货地址若在一些相对偏僻的小镇，价格就变成5499元，比北京便宜400元。

作为消费者的我们，当然要想方设法避免出现这种情况。消费时，尤其是大额消费时，要多个心眼，尽量做到货比三家，价比三家。

银行有没有权力挪用储户存款

2021年,一条28亿元存款失踪的新闻轰动全国:一家医药公司储蓄账户上的28亿元存款,在自己不知情的情况下,被银行挪用给其他公司做贷款担保。

面对银行如此私自挪用储户存款的行为,很多人都非常诧异:难道银行真的有权动用储户的存款?当然没有。银行私自挪用储户存款,不但是非法行为,更是在消费人们对它的信任。

对于老百姓来说,不但希望资金越安全越好,也希望这些银行能够重视自己的信誉,不辜负市场的期望。失去百姓的信任,银行必将面临无法承担的后果。对此,我们不妨来看个例子。

十七八世纪,欧洲人相对比较保守,喜欢用金币、银币来结账,但是欧洲当时的货币市场很混乱,很多国王都在乱铸货币。

比如，法国为还路易十四欠下的巨额债务，就一再缩减货币中金、银的含量，这就导致法国铸造出来的硬币越来越不值钱，甚至有些民间私人银行铸造出来的金银币都比法国皇家发行的还要保值。

在这些民间私人银行中，由法国皇室授权约翰·劳成立的劳氏银行十分耀眼。它签发的银票不但能够保质保量，还可以随时兑换成金币。当时法国的老百姓们甚至可以直接拿劳氏银行的银票去缴纳税款。在此情况下，劳氏银行的业务蒸蒸日上，它印发的银票也随之升值，一年之内银票市价就比面额高出15%。

除此之外，劳氏银行还接连拿下了法国的烟草市场和皇家铸币权，可谓前无古人，后无来者，几乎再没有其他商业银行能够做到这么大的规模，但这样庞大的商业帝国依旧在两年后轰然倒塌。

原因很简单，约翰·劳觉得老百姓很相信自己便开始放肆起来，认为自己无须用储备的金、银做基础，就可以直接按照自己的需要发行银票。于是他就悄悄地多印银票，而且为了不让市场发现，还故意收购了一家公司（密西西比公司），并声称自己发现了密西西比河畔（当时属于法国）的巨大金矿，大家可以把手上的银票、债券全部换成这家公司的股份，公司的股价大幅上涨。在获得很多的利润后，他又继续大量印发银票，让这些银票再大量买入密西西比公司的股份，以此人为地抬高股价。

但是，市场中总有冷静的人，在密西西比公司股价疯狂上涨时，一些精明的商人已经开始陆续兑现，并把手中的银票换成了"不值钱"的金币，再分批运出法国，这导致密西西比公司的股价一落千丈。后来等到老百姓发现自己手上的银票不能再立刻兑换成金属货币时，他们就成群结队地涌进劳氏银行要求退股、退钱，这家银行瞬间崩溃。

由此可见，不要说私自挪用，就是在信用凭证上做一点手脚，一家顶着皇家名头的银行都不能够全身而退。更何况，当今社会信息传播如此发达，如果企业失信，很快便全民皆知，其最后的结局只能是一败涂地。

"一万换九千",其中不会有什么猫腻吧

"一万换九千"——向账户里转一万元钱,以换得九千元现金,听起来就很荒谬,除了骗子,正常人谁会这么做?个人确实很少这么做,但企业经常做,而且很多企业都在做,尤其在金融领域。其中蕴含的道理很简单:现金流非常重要,在某种意义上现金就是企业的血液。古今中外,皆是如此。

举个例子,假如15世纪的欧洲有两个村子——A村和C村,它们想互相做生意是很困难的,因为流通的货币不一样。

C村的商人想接一笔从A村打来的货款,往往会像渡劫一样接受考验。开个人抬头,钱庄不许入账;开三方抬头,钱庄还是不许入账。退款也非常慢,很可能货已经到达A村,退的款项却还在路上。

这时候,有些意大利人从中看到了商机。他们在A村和C村各开了一个户头,A村的商人想转钱,可以把银票存到意大

利人在 A 村的户头上，他们随后让 C 村的表哥直接取出等额的 C 村银票送到对方家中。当年很多欧洲的暴发户就是靠这种换钱的把戏混成了新贵族。

但是这种模式有个缺陷，如果 A、C 两村的商人有来有往、金额不大，这种模式还能勉强走下去。但如果 A 村的商人碰到什么麻烦缺少资金，只是单边向 C 村商人大量进货却不付钱，就可能形成很高的债务，而 C 村的账户也会被不断提钱的表哥直接吸干。当时赫赫有名的巴尔迪家族就是这样破产的。

为了不让家族破产，这些意大利人就通过各种手段，从民间收集大量的现金。而中世纪的欧洲还是那套老把戏，很多容易筹集到的现金来源不能见光。所以，他们只能牺牲一部分的利润，去找当时的农民换现金（一万换九千）。

后来，欧洲钱庄的管理水平不断完善，很多超过一定数额的现金都要报备来源和用途，民间的现金流就变得更加珍贵。

虽然过了几百年，现金流对于企业依然非常重要，有时候甚至比利润更加重要，个中原因主要体现在三点：其一，现金流比利润更能够反映企业的经营获利质量，现金流充足与否更直接决定了企业的生存能力和延续性；其二，企业开展新的业务模式主要依赖于现金流的支撑；其三，现金流的多少对于投资者、债权人和企业管理层面的人来说具有更紧迫的参考价值。

一部分企业破产倒闭均是因为现金流出现断裂。现实中经常见到平常做得风生水起的企业突然间宣布倒闭，大部分原因就是现金流出了问题。2000年以来，全球对大型企业进行评价时，首要考虑的就是现金流情况。如果现金流不充足，任你规模再大，投资者都不会信任你。

怎么说服老公给你买个包

对包的热爱，是很多女性的一种执念。"包治百病"可不是随口说说，很多家庭矛盾的解决，很可能真的只需要一个包而已。这当然是玩笑话，但是能看出包对于女性来说非常重要。其实，对于整个家庭财务来说，包可能也同样重要。为什么这么说？因为越来越多的人发现，在一个家庭中，老公做理财很可能一年亏了30%，但是老婆随手买的一个奢侈品包，一年很可能上涨了50%，成为保值的利器。

不可否认，很多品牌包的确会升值、变现。但是，同样的事情，有些人可以赚到钱，并不代表所有人都会赚到钱。别人有怎样的社会背景，怎样的人脉关系，我们一无所知。很有可能那些买包赚到钱的人本就是一群富豪，知道内幕消息，甚至包的价格就是他们买起来的。

在经济学中，这种现象可以用坎蒂隆效应[1]来解释。

---

[1] 坎蒂隆效应，指货币量的变化对实体经济的不同影响取决于货币介入经济的方式，以及谁是新增货币的持有者。

举个例子，将一勺蜂蜜放到一杯水中，如果不搅拌，那最初时离那个勺子越近的水会越甜，而当蜂蜜完全溶入水中后，无论怎么做，都不可能再尝到最初的甜味。

钱也一样，当一批新的热钱被印好以后，总会寻找各种渠道流入市场，而距离这些渠道越近的人，获得的优势往往越大，甚至他们的消费偏好在一定程度上能够决定热钱的走向。

2018年以来，市场购房的热情降温，很多有钱人就将目光投向了奢侈品市场，海南免税店销售额逐年增长（如图6-3所示），2021年，海南免税店一年的销售额直接飙升至601.7亿元，比2020年增长了近84%。

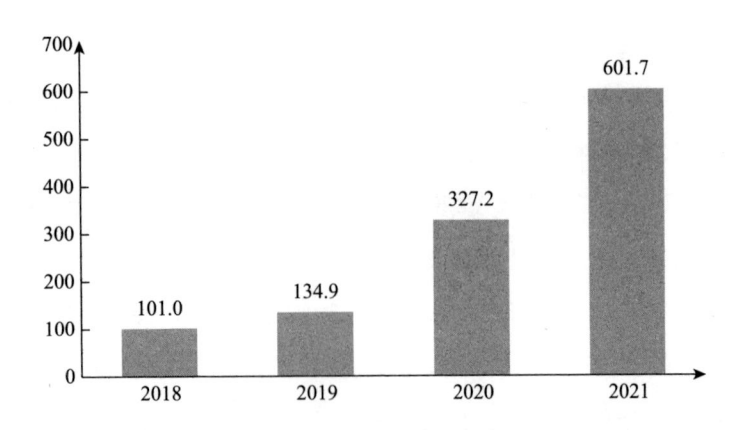

图6-3 2018~2021年海南离岛免税店总销售额（单位：亿元）

而在2022年年初，香奈儿、LV、爱马仕等名包品牌纷纷宣布全面提价，有些包甚至提价20%。[①]如果知道这些内幕消息，提前囤包，就可以大赚一笔。

近水楼台先得月，有钱人靠近"勺子"的圈子，靠奢侈品赚钱就非常容易。他们仅需要在热钱进入渠道的第一时间，在别人还没有收到消息的时候就把包给买了，等到它刚刚涨价的时候再立刻出手，20%的利润就到手了。

而没有消息的普通人往往都是在价格起来之后，跑去接盘。

坎蒂隆效应揭示了一个非常扎心的真相：有钱人赚钱就是比普通人更容易、更轻松和更多。所以，跟风有风险，买包需谨慎，有些包可以买，有些包老公劝也不能买。

对于普通人而言，与其在进入圈子之前跟风买买买，还不如踏实地努力攒钱，再尽量把自己的房子挪进那个圈子来得更加实在。

---

① 数据来源：中新财经2022年2月19日电。

不开空调了，怎么感觉电费反而多了

每到年末，支付宝年度账单都会刷屏、引发热议。但是在 2023 年初，另外一个账单同样引起了广大网友的关注，它就是电费账单。

不少人发现，自己家 2022 年 12 月的电费比平时高出不少，并纷纷在网上晒出了电费账单。比如，平时每个月电费只有 200 元左右，但是在 12 月却达到了 800 多元。大家对此都表示不理解，夏天开空调的时候最多也不超过 400 元，怎么到了冬天不用空调了，电费反而增加了一倍呢？

其实，这可能是正常现象，原因是电费进入了第二阶梯的计算标准。比如，2023 年，在上海地区，全年用电量在 3 120 度（千瓦时）以下，价格为 0.617 元 / 度；3 120~4 800 度，价格为 0.667 元 / 度；而 4 800 度以上，价格是 0.917 元 / 度。[1]

---

[1] 数据来源：上海市人民政府官网。

其他地方也是如此，广东、山东、河南等地区，也都在使用阶梯电价的计费方式。但是这些地区的电价相对较低，年底时大概率不需要像江浙沪地区一样，盯着电表开空调。

但是总的来说，和其他国家相比，我国的电费标准并不算高。2022年居民用电电价，换算下来日本是1.58元/度，德国2.27元/度，英国1.83元/度，就连泰国都已达到0.74元/度。[①]而中国的电价不过0.6元/度左右（各地电价不统一，但一般在0.56~0.62元/度）。

即使在2021年煤电逐步市场化的前提下，电价有所上涨（最高涨幅20%），最高也只不过是0.7元/度。在更早的2020年，国内很多地区的上网电价只有0.4元/度左右。

只是后来随着国际能源价格的逐步飙升，即使拿商用电的利润来拼命地向家用电填补，很多地区居民的用电成本依然远远高于电网的收入。在这种情况下，就需要采取办法，鼓励大家节约用电，而这个办法就是上面提到的阶梯式电价，也就是把用户均用电量设置为若干个阶梯，分段或分档次定价计算费用。

当然，电费突然上涨，除电价进入下一个阶梯标准外，还有可能是用电量异常上涨。虽然没用空调了，但是其他地方用电可能多了。比如，大功率家电待机会消耗电能、电热水

---

① 数据来源：Global数据库。

器长时间处于保温状态也会耗费较多的电量，或者某些用电设备出现故障，如电器漏电、计量表故障、被别人窃电等。

不当家不知柴米贵，每月的电费也是一笔花销，大家在用电的时候除了注意安全，也要注意节约。

PART 7

你需要了解的经济学常识

北京证券交易所

即使不炒股的人,大多也知道中国有两大股市,深圳证券交易所(深交所)和上海证券交易所(上交所)。其实除了这两家证券交易所,我们还有新三板、北交所。新三板一般指全国中小企业股份转让系统,在 2013 年 1 月正式揭牌运营,主要为无法在深交所和上交所上市的中小企业提供融资渠道。而北京证券交易所(北交所)其实是从新三板脱胎而来。

20 世纪 90 年代,一位成功人士的标志是开一家属于自己的公司,然后让它上市。当时很多普通的公司经过包装后,被送进了上交所或深交所,这时候可以把交易所理解成一个专门买卖公司股份的"菜市场"。

到了 2001 年,中国的金融系统已经升级到 2.0 时代,证券市场需要整理升级,上交所和深交所这两个菜市场到了不得不清理的地步。于是,证监会启动了退市机制,把一些不够格或者赚钱能力较弱的公司从这两个菜市场里清扫出去,专门挪到了一个叫"代办股份转让系统"（江湖人俗称"老三板"）的小摊子上，说穿了，就是给已经"入坑"的人提供一个把股份转卖出去的地方。

这个小摊子类似于水产柜旁那种售卖不新鲜水产品的打折点，但是没想到的是，买卖不新鲜水产品的人越来越多（市场增长），甚至有些交不起柜台费（资质达不到上交所和深交所上市要求）的优质水产品商户（中小企业）也跑到这个小摊子来进行交易（新三板雏形）。于是，在2012年，这个小摊子又升级成"中小企业股份转让系统"（新三板）。

后来，卖水产品的市场越来越大，相关部门为了使其更加规范，就把这个市场划分成了三拨：资质好、能赚钱的叫精选层，它可以直接转成北交所中的上市公司（受众更多、更容易融到钱）；资质一般的叫创新层，在系统中待满12个月也能上市；资质再差一些的叫基础层，企业需要提高盈利能力和稳定性，先升级成创新层，再寻找上市的机会。

由此可见，北交所正是由新三板中的精选层转变而来。

逼空是什么意思

逼空，按字面意思理解，就是逼迫空头[①]买入。"逼空"一词起源于期货，意思是多头[②]以不断拉动期货价格上涨来迫使空头平仓。因为在期货中，价格上涨到一定程度空头是要被强制平仓的。它被借用到股市，用来形容股价不断上涨、使得空头无法在比自己卖出价低的价位补仓，只得在高位追涨。这就好比一个人不想坐下，那怎么才能让他坐下呢？武力压迫，用手大力按着他，不坐也得坐。逼空就是这样，多头非常强硬，不断把价格往上推，直到空头坚持不住，止损投降并买多为止。

举个例子，老张是个水果零售商，最近苹果价格一降再降

[①] 空头，指认为现时股价较高，对股市看坏，预计股价将会下跌，于是趁高价时把股票卖出的投资者。

[②] 多头，指对股市看好，预计股价将会上涨，于是趁低价时买进股票，待股票上涨至某一价位时再卖出，以获取差额收益的投资者。

仍无法卖出,他仓库里的苹果快要腐烂了。就在老张为此苦恼不已的时候,熟人老刘给他出了一个主意。老刘让老张把仓库里的10万斤苹果借给自己,他有"路子"将这些苹果全部卖掉。但是老刘说,他手头紧,只能预付总订单的10%保证金。也就是说,如果苹果市价是1元/斤,他可以付1万元保证金(1元/斤×100 000斤×10%),获得老张的10万斤苹果。等到下个月1日,他再买10万斤新鲜苹果还给老张。

按照当下行情,下个月苹果的价格大概会在0.8元/斤左右,老刘可从中赚取2万元的差价[(1-0.8)元/斤×100 000斤],而老张则可以避免苹果腐烂,两人一拍即合。

另外一个水果零售商老李跟老刘向来不和,知道这件事情之后,在背地里耍起了心眼儿。于是在当月月底当老李投入几乎全部身家买入了老张的10万斤苹果后,等到了下个月,苹果价格却涨到1.1元/斤。

在绝对利益面前,老刘和老张的友谊的小船一下子就翻了。看着水涨船高的苹果价格,老张给了老刘两种选择:

一种是,老刘用1.1元/斤的价格买进10万斤苹果还给自己,但是老刘会净亏1万元[(1.1-1)元/斤×100 000斤],出现几次这种情况,老刘可能就要破产。而且这种操作明显会抬高市面上苹果的价格,会让老张和老李赚得盆满钵满。

另外一种是,按照当前市价,实时增加保证金,苹果涨到1.1元/斤,补1 000元[(1.1-1)元/斤×100 000斤

×10%]；涨到 1.2 元/斤，再补 1 000 元[（1.2-1.1）元/斤×100 000 斤×10%]。

老李这种跟老刘作对的行为便是逼空。逼空是一场消耗战，拼到最后，就看谁的钱包先耗空，剩下的那一个就是赢家。

在全球金融市场上，一个非常有名的逼空操作就是2021年1月的美国"游戏驿站事件"，美国一众多头散户血战华尔街空头。

游戏驿站是一家线下游戏零售商，在线上网络的冲击下，经营越来越难。2018~2019年连续亏损，2020年在疫情的影响下更是雪上加霜，濒临倒闭，股价一度跌破3美元，处于退市的边缘。在这种情况下，它被美国著名的做空机构香橼研究公司和梅尔文资本盯上，并试图做空[1]，于是游戏驿站的股价应声下跌。

但是在2021年1月，美国的一众散户却开始纷纷买入，尤其在带头大哥瑞安·科恩（Ryan Cohen）入局后，游戏驿站在网络上引发热议，社交论坛上发布买入游戏驿站的号召此起彼伏，游戏驿站股价由此连续上涨。一场由散户入局并引爆狂欢的逼空大战就此开始。

---

[1] 做空（Short sale），是一个投资术语，是金融资产的一种操作模式。与做多相对，做空是先借入标的资产，然后卖出获得现金，过一段时间之后，再支出现金买入标的资产归还。

面对强势的多头,如果不及时止损退场,后果会很严重。在"游戏驿站事件"中,当时很多华尔街做空机构就出现了爆仓。

拨备覆盖率是高好还是低好

凡事预则立，不预则废。不准备会不会失败不好说，不过做好了准备倒的确可以促进成功。对于银行来说，有些准备并不是越充足越好，比如这里要讲的拨备覆盖率。拨备覆盖率，也称"拨备充足率"，指实际上银行贷款可能发生的呆、坏账准备金的使用比率。对于银行来说，拨备覆盖率并不是越高越好。

举个例子，老公每个月都会把工资交给老婆，让她去管理家庭开支，比如购买生活用品、用于人情往来等。但是在此之前，他都会从中拿出一笔钱存起来，以备不时之需。这笔预存的钱就叫拨备。

突然有一个月，老公把一部分工资借给了同事，同时担心这笔钱借出去之后不能及时要回来，于是便准备多拨备出一点钱，以免这笔借款真的收不回来的时候影响到家庭生活。假如借出去 5 000 元钱，如果收不回来，就需要拨出 1 万元，以备下个月可能要添大件,或者生活费支出超标。

这时候,这个家庭的拨备覆盖率就是200%。拨备覆盖率越高,说明家庭以后应对风险的能力越强。但是,当拨备覆盖率过高时,尤其是高过一定的水平线(部分银行认为是300%)之后,手里能够支配的资金就会变少,当下的生活质量就会受到影响。

在金融领域,拨备覆盖率是一个衡量商业银行贷款损失准备金的计提是否充足的重要指标。如果拨备覆盖率太低,银行就无法抵御不良贷款带来的风险,而拨备覆盖率太高则可能会导致没有足够的资金可用,所以拨备覆盖率处于一个合理的区间才是最好的。

在正常情况下,监管部门对于银行机构拨备覆盖率要求的标准是150%。当然,监管是一回事,实际又是一回事。

对于拨备覆盖率的控制,国内几家大银行做出了一个相对好的榜样,比如四大行大多会把拨备覆盖率控制在200%左右。四大行2022年年报显示,中国工商银行的拨备覆盖率为209.47%,中国农业银行为302.06%,中国银行为188.73%,中国建设银行为241.53%。

而其他一些银行对拨备覆盖率的控制就没那么理想了,它们的拨备覆盖率都很高。当然这可能是为了应对部分贷款坏账风险,未雨绸缪。比如,2021年,一些规模相对小些、比较活跃的银行,拨备覆盖率大多控制在400%左右,比如招商银行是483.87%，邮储银行是418.61%。而到了2023年2月，在已披露2022年报业绩快报的17家上市银行中，无锡农商银行、常熟农商银行、苏州银行、张家港农商银行等四家的拨备覆盖率更是超过了500%[①]。

还有些银行的拨备覆盖率高，则很可能存在隐藏利润等情况。很多银行实际数据远高于监管指标，引得监管部门不得不下场喊话："鼓励拨备覆盖率回归合理水平。"

---

① 数据来源：和讯网。

什么是戴维斯效应

市场从来不会绝对理性,而大多数人感性的预期往往会把一样东西的价格,从一个极端加速地推向另一个极端,这就是戴维斯效应的底层逻辑。戴维斯效应,指的是有关市场预期与上市公司价格波动之间的双倍数效应。

举个例子,一家大排档生意非常不错,第一年赚了60万元,第二年赚了90万元。这时候,隔壁老王看着眼红,想进来掺和一脚,准备买走大排档三分之一的股份。那么,大排档的老板应该跟老王要多少钱呢?很多人可能会脱口而出:30万元。

但实际上,如果老王把股份转手,绝对不会只卖30万元。因为任何一家公司股价的计算方法都是当下的股份收益乘以市盈率[①]。简单来说,就是一家公司能卖多少钱,既要看当年能赚多少钱,也要看市场对这家公司未来的预期,即市场愿

---

① 市盈率,指股票价格除以每股收益的比率。

意花多少倍的成本去抢这家公司的股份。

如果这家大排档一年比一年挣得多，那么市场对它的热度预期就会是直线向上的，其市盈率可以被炒到2倍、3倍甚至50倍。按照现在一年30万元的回本速度，也就是大家愿意等2年、3年、50年再回本。

如果大环境不好，大排档逐年亏损。那么，即使今年赚到90万元，三分之一的股份也卖不到30万元，因为买家会考虑明年、后年可能存在的亏本情况。

这就是戴维斯效应，市场容易走向极端，好就大好，差就特差。很多金子、房子的价格逻辑也是这样的。这两种极端又可以分别称为戴维斯双击效应和戴维斯双杀效应。

1. 戴维斯双击效应

戴维斯双击效应是指在低市盈率买入股票，待公司成长潜力显现后，再以高市盈率卖出，这样就可以获取每股收益和市盈率同时增长的倍乘效益。若企业业绩持续向好，市场对它的预期就会很乐观，其市盈率也会上升。这时候企业就会得到利润及市盈率的双重提升（双击），而企业市值是两者的乘积，会成双倍上涨。

比如，某公司当年净利润是1亿元，市盈率为10倍，则市值就是10亿元（1亿元×10）。若第二年该公司净利润增加了 1 倍，达到 2 亿元，投资者当然会继续看好这家公司，这时公司市盈率会变成 20 倍，则该公司市值变成 40 亿元（2 亿元 ×20），相对去年上涨 4 倍。

这就是戴维斯双击效应带来的倍增效果。

2. 戴维斯双杀效应

戴维斯双杀效应是指当一个公司业绩下滑时，每股收益减少或下降，市场给予的估值也下降，股价得到相乘倍数的下跌。它与戴维斯双击效应正好相反，如果企业的业绩下降，它的利润及市盈率也都会随之下降，这时企业的市值会出现双重下降（双杀）。尤其对于成长型公司而言，如果公布财报后发现业绩数据比预期低很多，可能会遭到致命打击。

对于戴维斯效应，有一种非常好的投资策略：在市场寻找市盈率 10 倍以下，且每年业绩稳定增长，比如稳定年增长 10%~20% 的企业，买入后耐心等待，待企业发展起来后，就可收获其利润增长和市盈率增长的倍增效应。

等额本息和等本等息的区别

欠账还钱，天经地义，这里所说的借款，不仅仅是向银行借的贷款，也包括很多民间借款。借来的钱是一定要还的，这个没办法选择，但还钱的方式却有很多选择。很多时候，同样的借款本金，同样的借款利率，同样的借款期限，选择不同的还款方式，所需要还的本金和利息都不尽相同，有的甚至差别很大。

所以，如果你觉得还款压力比较大，有时候不仅仅是因为借款总额高，也与不适合的还款方式和计划密切相关。下面我们就给大家来解读两种比较常见的还款方式，让大家对此有一个清晰的了解和认知。

1. 等额本息

等额本息，指将贷款本金、利息平均分摊到月还款额中，月供数额固定的还款方式。它是一种非常普遍的还款方式，在贷款时很多银行都会推荐这种方式。

这种还款方式的特点是每月还款总额不变,但其中的本金比重会逐月递增,利息比重则逐月递减。因此在还款初期,需还的本金会相对较少,利息则相对较高。随着还款的进行,贷款本金总额会不断减少,由于利息是按剩余贷款总额来计算,那么越到后期,需还的利息就越少。

这种还款特性使得等额本息前期所还的金额大部分为利息,还款期限过半后本金的比例才会逐渐增加,所以并不适合提前还款。它的优点是每月还款金额相同,数额相对较少,有利于购房者对资金进行其他更合理的安排,更适合收入稳定、前期资金不充分的购房者。

举个例子,一个人因买房向朋友借了100万元,年利率为4.4%,承诺三年内还清。如果采用的是等额本息的还款方式,那么第一年每个月大约要还款29 000元,这29 000元中既包含了本金也包含了利息,但是它们之间的比例每个月都在变。

比如,第一个月的29 000元中,有25 900元本金和3 100元利息,第二个月的29 000元中有26 000元本金(本金比重逐渐增加)和3 000元利息(利息比重相应减少),以此类推(本例采用取差公式为100的等差数列)(如表7-1所示),还满一年(本金已还317 400元),还欠本金682 600元。在这个过程中，如果用的是LPR，那么每年的利率都会调整，但是无论怎么调整，到第二年都只需要按照682 600元的本金算利息，这种算法常常被用在买房子上面。

表7-1 等额本息还款法第一年每个月还款的本金和利息

月份		1	2	3	……	10	11	12
每月还款额（元）	本金	25 900	26 000	26 100	……	26 800	26 900	27 000
	利息	3 100	3 000	2 900	……	2 200	2 100	2 000

另外，这种方式对于精通以钱生钱的人来说，是一个较好的选择，可以省下钱投资理财。

2. 等本等息

等本等息是将贷款本金、利息平均分摊到月还款额中，月供数额固定的还款方式。这种还款方式，不但每个月的还款总额相等，而且每个月所还的本金和利息也相同。这种还款方式相对更加稳定。但是，它的计息方式是以贷款总额为基数，所以需还的利息会比较多，最好提前还款。越早还款，需付利息就越少。

还是以上面案例来说，如果那个购房者采用的还款方式是等本等息，那么就算第一年他已经还掉30多万元的本金，到了第二年还是会按照100万元的基数来计算利息。这种玩法常常出现在提前消费的账单分期中，在无形之中，借款人每期还掉的本金都会在未来很长的一段时间内被再收取利息。

对于借款人而言，在借款前要尽量了解每种还款方式的优缺点，再行操作。一个适合的还款方式既可以降低每个月的还款金额，也可以缩减还款的期限，省钱又省力。

什么是丁蟹效应

喜欢港剧的人估计都听说过《大时代》这部剧。即便是在经典港剧集中涌现的那个黄金时代,相信《大时代》也是很多港剧迷心中不可替代的一个存在。郑少秋饰演的丁蟹成为港剧最经典的角色之一,而我要讲的丁蟹效应就来自这部剧和这个名字。

在《大时代》里,丁蟹是一个大老粗,对金融知识一窍不通。当所有专家学者、海归精英都看好股票市场,认为大盘会一直上涨时,丁蟹却凭着被人忽悠的八个字和爆棚的运气,与市场中的所有人都反着来,操作了几笔股指期货的空单,赚得盆满钵满。

期货就是约定好在未来的某个时间可以用一个固定的价格买或者卖若干固定数量的某某产品。而股指期货就是和一篮子股票价格挂钩的期货合约。说得再通俗一些,如果搞股指期货空单,那么股票市场只要大涨,就可能亏得血本无归;

但是若股票市场大跌，就能够赚得盆满钵满。

在《大时代》中，丁蟹果然等来了谁都没有想到的股灾。就在其他人几百万港元、几千万港元大亏的时候，他在一天之内就赚了20亿港元。

接下来，更加玄幻的事情发生了。在《大时代》首播的时候，香港股市真的和电视剧中的剧情一样，发生了大跌。随后很多观众发现，只要播放《大时代》，或者郑少秋主演的其他电视剧时，当地股市常常会发生一定概率的震荡下挫。

无数的巧合甚至让某些证券公司、百科网站都开始大张旗鼓地研究起了郑少秋。而这位很多人心中的老偶像也因此被很多玩股票的朋友列成了提都不能提的神秘存在，丁蟹效应就这样形成了。

这种看似有些诡异的现象其实只是一种巧合，没有任何证据表明丁蟹效应会对股市产生影响。但从科学的角度来说，丁蟹效应其实是市场中投资群体心理创造的自我实现的预言，这种预言本身的真假并不重要，但是一旦它被说出来，很多人就愿意相信，并按预言的路径有所动作，那么久而久之假的也有可能会变成真的。

因为对于投资者而言，每当有郑少秋主演的电视剧播出时，他们都会有一种担心：股市会下跌。于是，他们就不约而同地卖出股票，这时股市自然就会下跌，这就是丁蟹效应的魔力。

对于丁蟹效应,最好的做法就是把它当作一个谈资,给自己压力巨大和枯燥无趣的股票投资生活中加一点趣味,而不要被它左右自己的行为,这样一来,它或许就不会再出现了。

什么是多头对敲

多头，即为买入，多头对敲就是同时买进一只股票的看涨期权①和看跌期权②，它们的执行价格和到期时间均相同。它是一种组合投资策略，在一定条件下通过这种策略，投资者可以获得不错的投资收益。

举个例子，一个商家做销售月饼生意，但是现在月饼行情不明朗，不知道下个月月饼的价格是涨还是跌。

于是，他就向同行A预订5万箱月饼，总价500万元。同时他又接受了同行B预订的5万箱月饼订单，总价也是500万元。但是他事先和两方同时声明，当月饼价格出现波动的时候，只有自己有权随时取消任何一个订单，当然订单并不是

---

① 看涨期权，又称"认购期权"或"敲进"，指期权的购买者拥有在期权合约有效期内按执行价格买进一定数量标的物的权利。

② 看跌期权，又称"认沽期权"，看涨期权的对称，指期权的购买者拥有在将来某一天或一定时期内，按规定的价格和数量卖出某种有价证券的权利。

随意取消，他会付给对方10万元的违约金。

这样到了下个月，只要市面上每箱月饼的价格涨幅超过2元，那么就执行A撤掉B，将买来的月饼转手卖出；而如果每箱月饼的价格跌幅超过2元，就执行B撤掉A，从市面上进货供给B。

通过这种方法，无论市场是涨还是跌，都能赚一笔，这种操作策略，就叫多头对敲。

当然，金融市场不可能有完美的策略，多头对敲也有它的适用范围，此策略对于预测市场价格将发生剧烈变动却不知道升高还是降低的投资者非常有用。如果价格波动不大，假如下个月每箱月饼的价格涨跌都被控制在2元以内，商家就会白忙一场。也就是说，股价偏离执行价格的差额必须超过期权购买成本，多头对敲才能给投资者带来净收益。因此，多头对敲的最坏结果，就是到期股价与执行价格一致，损失全部看涨期权和看跌期权的购买成本。

此外，多头对敲还经常出现在各种商战中。要知道，大部分同行公司都喜欢做对手盘，也就是你买涨，我就买跌，处处和你反着来。这时候，很多生意人就喜欢明面上做一笔买卖，再换个马甲，反手操作一笔数量相当、方向相反的订单。

这样做的好处是，即使这一次操作对手跟对了，自己也没有太大损失，而一旦对手跟错，就足够将其清洗出局。

所以，很多做大宗商品的公司或个人，无论有没有小道消息，都会做一笔多头对敲，给自己留个后手，毕竟小心驶得万年船。

反稀释条款的玄机

打江山的人不一定能守住江山，而且很多时候守不住江山不是因为敌人太强大，而是因为内部出了叛徒。企业创始人被踢出局的案例，相信大家都听过不少。比如，当年的苹果、新浪、万科都发生过类似的事情。创始人被踢出局，当然有商业上的背景与原因，但从法律上来说，根本原因是他们失去了对公司的控制权。换句话说，他们的股份被稀释了。

一家公司可能会存在种子轮，天使轮，A、B、C、D轮等多轮融资。跟创始人一样，早期的投资人的股权也有被稀释的风险。这时候就需要另加规定，保障先投资者的利益，否则谁还愿意先投资。

反稀释条款就是这个规定。反稀释条款也称反股权摊薄协议，指在目标公司进行后续项目融资或者定向增发过程中，私募投资人避免自己的股份贬值及份额被过分稀释而采取的措施。它是用于优先股协议中的一个条款，常见于私募投资领域。此条款可以保证私募投资人享有的转换之特权不受股票之再分类、拆股、股票红利或相似的未增加公司资本而增加发行在外的股票数量做法的影响。

举个例子,假如一个煎饼店的店铺资产中有10万元是店铺伙计合伙出资的。但亲兄弟明算账,按照1元/股的价格,店主理应划出10万股的股份来交给他们。

但是现在行情不好,煎饼店快要开不下去了。这时候,隔壁老王愿意出10万元买下店铺20万股的股份,也就是按照0.5元/股的价格,把煎饼店的股份便宜买下来。店主如果这时候卖出煎饼店的股份,他要怎么跟老伙计们交代?

如果按照10万股的数量补上0.5元的差价,那么,每次吸收一个10万元的投资,就要赔5万元,不久后店铺就会破产。若用股份来替代,一轮就需给老伙计们增发10万新股(10万元÷20万股=0.5元/股)。店主手上的股权很快就会被稀释,最后很可能就会被踢出自己的煎饼店。

所以,真正会玩的老板会在开局之前就和老股东们签一份对自己相对有利的反稀释条款。说得通俗一些,就是有钱一起赚,有亏一起扛,大家以后都需要按照新股价及时调整老股价。

比如这个煎饼店,原来伙计们手上是1元/股,那么就把老王的10万元,按照当初的股价(1元/股),折算成10

万股，和伙计们的股份加在一起，算成"理想中的股份数量"（20万股），然后再除以实际的股数（伙计们10万股+老王20万股），这就是老股价的调整比例（约67%），最后的结果约是0.67元/股。那么，店主只要赔付给伙计们3.3万[（1-0.67）×10万]元的差价就够了。

这样既保障了先轮投资人的利益，也减少了创始人自己的损失，又不会损害后轮投资人的利益，可谓一举三得。

当然，也有一些老板喜欢玩阴的，他会先帮最先进场的投资人把股份全给稀释开（老员工原先10万股+老王20万股+老员工新10万股），这样虽看着分子和分母都会比原来大上一倍左右，但是除下来，老股价相对上面那种操作就会高一些，那么最后老员工到手的赔偿相对来说也就会少一些了。

更可怕的是，这两种算法都是国际公认的（只有狭义、广义之分）。所以，但凡老板不谈钱，只是大谈股份、期权的时候，你就要留个心眼了。毕竟，这里面弯弯绕的东西实在太多，很可能让你在猝不及防的情况下吃大亏。

借壳上市是什么意思

每次聚会的时候，很多创业的朋友总是侃侃而谈：我要如何发展，开拓哪些市场，发展到什么规模，最后再上市。做金融的要上市，做互联网的要上市，做餐饮的也要上市。总之，很多创业者终其一生的梦想就是让自己的公司上市。

但是，上市哪有那么容易？我国的相关制度非常严格。根据证监会规定，一家公司要上市，需要达到诸多条件，如资产达到一定数量、连续三年盈利等，难度很大，这就使得上市资格成为一种稀缺资源。

当一家公司想上市而又难以直接上市时，就可以通过借壳来实现间接上市。尤其在资本市场中，总会有一部分已上市公司出于各种原因出售自身的上市资格。借壳上市是一个金融术语，指一家母公司（集团公司）通过把资产注入一家市值较低的已上市公司（壳），得到该公司一定程度的控股权，利用其上市公司地位，使母公司的资产得以上市。直白地说，就是拟借壳公司通过转让股份、业务和资产置换等取得已上市公司的控股权（如图7-1所示），然后实现上市。

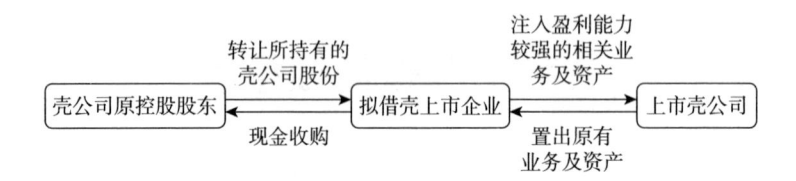

```
                    注入盈利能力
        转让所持有的    较强的相关业
        壳公司股份    务及资产
┌──────────┐ ──────→ ┌──────────┐ ──────→ ┌──────────┐
│壳公司原控股股东│         │拟借壳上市企业│         │ 上市壳公司 │
└──────────┘ ←────── └──────────┘ ←────── └──────────┘
         现金收购              置出原有
                              业务及资产
```

图7-1 借壳上市示意

再举个例子说明。假如一个人开了很多年培训班，之前生意红火时赚得盆满钵满，手上积攒了几千万元的资金。本打算在下一年上市再赚一笔，但是由于最近风声太紧，他估计自己的公司大概率无法过关，而且连同开班这件事也被耽搁下来。上市的事情一拖再拖，开班也遥遥无期，后期市场发生变化，公司业务下滑，甚至可能撑不到年尾。

这时候，他便到香港找了一家快要倒闭的上市公司，让这家公司在明面上用1 000万股来收购自己的培训班。然后他私下再砸钱进去（主要是低价收股份），争取把这家上市公司的控制权给盘下来。

假如在盘之前，这家上市公司的股价是1元/股。那么在盘下之后，培训班老板就会在市面上放风炒作、大肆宣传（甚至改名）。这时，上市公司的股价往往能从1元/股涨到5

元/股，仅他手上的1 000万股就能套出来4 000万元的浮盈。而这4 000万元足够让他度过寒冬、熬过对手。

这种玩法就是借壳上市。公司借壳上市后，无论业绩如何，基本上都会有一波炒作，在短期内股价会冲上一波。当然，如果借壳后母公司盈利能力增强，那么股价会持续上涨。

流押是什么意思

大家对抵押再熟悉不过，向银行或个人借钱，可能需要以车、房或者其他资产作为抵押，才能借到。而对于流押，大家可能会相对陌生一些。流押是指抵押合同的双方当事人在抵押合同中约定，当债务履行期届满抵押权人未受偿时，抵押财产归债权人所有。流押其实是抵押合同中的一项条款，通俗来说，就是抵押人不能还款时，债权人可以直接将抵押物收走。

比如，老李因缺钱，以房子作为抵押向老王借了100万元。一段时间后，老李发现自己还不上钱了，这时候老王该怎么做？一般人的想法是：当然是把老李抵押的房子给直接收走啊。

错！

无论是老王还是银行，都没有权力直接动抵押房，即使老李把房子抵押给老王，房子的所有权仍然属于老李。这时老王能做的，就是找老李协商，看能否以100万元的价格（这个价格要实时参照市场价格，不可能直接按照抵押时的价格）把房子给"买下来"，然后房款抵欠款，这样两方才能清账。

如果其中任何一方有异议，就要去找法院裁决。法院经过审判，把房子给拍卖掉或者变卖掉，然后把相应的钱款还给老王。这是正常的抵押流程。

那些在抵押合同里写了一些诸如"直接收走""按抵押时价格折价"或"所有权变更"的条款，就叫流押条款。比如，2022年2月2日，老王因公司连年亏损亏欠了供应商款项，便向一朋友借款130万元，期限为一年。为担保该笔债务，老王与朋友于2022年2月26日订立抵押合同约定："老王以其名下某地房子（市价200万元）为抵押物，担保这130万元的债务。若债务到期老王不能清偿，则朋友取得该房子的所有权，抵偿此130万元债务，无须另经清算。"

但是，法律禁止流押，目的主要是保护抵押人的利益，因为在此过程中债权人处于优势地位，为防止债权人滥用权利，法律不允许流押。所以，这些条款即使写下来，也做不得数，债权人最多能争取到一个"优先受偿"的权利。

比如上面提到的抵押合同中的流押条款，就不会发生物权效力。虽然出现老王违约的事实，但他朋友仍不能够依据该流押条款取得抵押房的所有权。他朋友只有权申请法院拍卖或变卖抵押房，并就变卖的资金，优先于老王的其他普通债权人受偿。

所以,借款人在签借款合同时,要留心合同的内容,不要以为签完合同、盖上章就万事大吉,其中可能涉及流押条款,一旦出现违约,到时候对抵押物的执行可能会麻烦至极。

为什么要缩表

提起加息,很多人不感陌生,在各大新闻媒体、财经节目中,加息,尤其是美联储加息,出现的频率非常高。但是与加息一样都是紧缩性财政政策的缩表,很多人可能就不知道了。缩表就是收缩资产负债表,虽然都是紧缩性财政政策,但缩表和加息存在很多不同之处,加息是价格型工具,而缩表是数量型工具,分别影响资金的价格和数量。加息直接作用于短端利率,而缩表则直接影响长端利率(如表7-2所示)。

举个例子,缩表中的"表"其实就是古代"账本"的意思。古代人喜欢用银子来结账,但银子很重又不安全,于是很多大户就找个钱庄,把银子换成银票揣在身上。这时候的银票可以看成钱庄给大户们打的欠条。所以,当每笔银子被存进来的时候,钱庄里的伙计们都要做两笔账,一笔是库房里的银子,也就是资产的增加;另一笔是对存银大户的欠款,也就是负债的增加。

表 7-2　缩表与加息的主要区别

	缩表	加息
工具类型	数量型工具	价格型工具
影响途径	限制期限利差的收敛速度，从而支撑长端利率上行	主要调整基金的目标利率，即银行同业隔夜拆借利率
作用时间	直接影响长端利率，缩表速度与到期资产规模的大小有关，缩表将会是一个持续较长的过程	直接作用于短端利率，影响银行间隔拆借利率，进而影响长端利率

如果来存银子的大户越来越多，那么钱庄开出去的银票就会越来越多，钱庄账上的资产和负债也会同时变大，这个过程就叫扩表。当表被扩大到一定规模的时候，就会产生各种不确定的风险。比如，钱庄借给商人们的银子真的能收回来吗？又比如，那些存银的大户会不会集中在某个时间点一次性把银子全部提出来呢？到那时候，钱庄真的能够拿出那么多银子吗？

这时候，为了避免这些风险，钱庄就会给账本减减肥。比如，不再将银子借给商人们做生意，或将商人们打的欠条打折卖给存银大户。但是有一个前提，那就是需用本钱庄发行的银票才可以。总之就是一个目的，把市面上流通的银票想办法收回来，把钱庄账上的银子和开出去的银票缩减到一个相对可控的范围，这种操作就叫缩表。

缩表会减少市场上现金的流动性，天下的钱庄都不是同一个票号，缩过表的银票因为更可靠、更安全、更稀有，自然就更值钱，由此其他票号的银票就会相应地贬值。比如美联储缩表，市场上的美元数量就会减少，一旦流通中的美元减少，美元就变得紧俏，进而升值，其他货币兑美元就会贬值。原本可以用10英镑换回15美元的石油，缩表后可能就需要用20英镑，这是2022年3月很多储蓄大户从英国跑回美国的原因，也是很多人不喜欢美联储缩表的原因。

但是，美联储缩表对A股的影响属于相对短期的情绪冲击或流动性冲击，而非A股中长期走势的决定变量，面对缩表带来的短暂影响，调整好心态，理性看待即可。

警惕投资中的塔西佗陷阱

  很多时候，经济的本质就是信心，当消费者没有信心时，无论市场说什么、做什么，大家都会往坏的方向去想。

  举个例子，房地产开发商一般会通过两个手段来盘活现金流，一是卖房，二是向银行等机构借债。但就在2022年，全国商品房的销售额只有13.33万亿元，和2021年相比降了26.7%，百强房企的销售总额也大幅下跌，只有6.3万亿，比2021年下降30.3%。

  这本来是一个很普通的现象，毕竟市场总会有起有伏，安安稳稳地靠借债熬着，总能熬来一个大晴天。但就是有三四家规模比较大的房地产开发商选择了躺平，公开宣布：没钱，还不起欠条。其背后的意思就是，要么帮我往后拖一拖（展期），要么我就干脆违约。

  结果原本淡定的资本市场瞬间慌了，大批房地产开发商的欠条被折价抛了出去。一些原本没有负面新闻的房地产开发商也跟着遭殃，无论这些开发商怎么解释，机构都选择不予理睬。即便一些评级优质的债券欠条，一夜之间也被砸到成本以下。市场出现这种现象，就是掉入了塔西佗陷阱。

塔西佗陷阱得名于古罗马历史学家塔西佗，他在评价一位罗马皇帝时说："一旦皇帝成了人们憎恨的对象，他做的好事和坏事就同样会引起人们对他的厌恶。"后来这句话被引申为一种社会现象，并被称为"塔西佗陷阱"，指当政府部门或某一组织失去公信力时，无论说真话还是假话，做好事还是做坏事，都会被认为是说假话、做坏事。

这种现象更长远的影响是，当整个债券市场的信用都荡然无存后，房地产开发商再想写新欠条来还旧欠条的路会越走越窄。折价卖房将成为开发商们活下去的唯一机会。

当然，无论是企业还是个人，信用同样非常重要。企业无信用，打击市场；个人无信用，打击企业。如果一个人缺少信用，尤其一个企业的管理者信用缺失，对企业将是一个巨大打击，甚至是毁灭性的打击。

比如，2022年7月，某食品品牌高调亮相，不仅邀请明星直播带货，还豪掷重金、耗资过亿抽奖促销。宣传效果非常明显，相关短视频账号涨粉几百万，观看人次更是近一亿，直播单场累计销售额达到2亿元左右，风头一时无两。超强的业绩也带动了股价的上涨，涨幅达到近40%。按正常来说，企业的业绩即使没有一飞冲天，也会稳定增长。但是，该企业的相关管理者很快就出现了信用危机，黑历史被翻了出来，原来此食品品牌运营的套路与其当年的手法十分神似，都是无情收割。

无论企业如何解释，这个"无信用"的刻板印象还是影响到了这个食品品牌，最后的结果是他本人卸任职务，公司财报数据异常惨淡。

这就是塔西陀陷阱的巨大威力，它也警告我们，人在做，天在看，不要做有损信用的事情，如果做了，即使一时没有出现问题，也总会在未来某个时候爆发出来，最后的恶果还是要自己承担。

外汇降准意味着什么

外汇降准是指下调金融机构外汇存款准备金率，说得通俗一些，就是从中国的外汇仓库中多拿出一些储备的美元，投放到国际市场中。降准的本意是维护人民币汇率稳定，但是2017年以后，在中美贸易摩擦不断的大背景下，外汇降准也成为对抗美元霸权的一种工具。

1. 抑制人民币贬值速度

外汇降准可以增加相应资金在外汇市场上的数量，比如，现汇市场中美元的供给增加，美元的价值就会被稀释，对应人民币的贬值幅度就会得到缓解。

举个例子，2022年4月，受疫情影响，国内经济承压，使得人民币出现贬值，而且贬值速度较快。为减轻人民币贬值压力，2022年4月25日，中国人民银行发布公告，自5月15日起，外汇降准1%，由当时的9%下调至8%。降准后效果立竿见影，人民币汇率得到上升，此后的一段时间，美元兑人民币汇率持续下降。

如果人民币贬值的速度没有那么快，大家就可以用比较便宜的价格购买进口奶粉、国外手机等商品。人民币升值，中国人在外国的生活成本就会相对下降，对于国际贸易而言，外汇降准有利于进口。

当然，如果人民币面临升值压力，央行则会升准，收紧美元流动性，从供需层面减轻人民币的升值压力。比如，2021年5月和12月人民币两度快速走强，中国人民银行就两次升准（5月从5%升到7%、12月从7%升到9%）。

2. 抗衡美元

我国调控金融机构外汇存款准备金率，除了稳定人民币汇率外，还可以帮助本国对抗美元霸权，这不仅有利于中国自己，其他国家也可以通过直接使用人民币保护本国权益。

要知道，2022年美国一直在加息，其目的就是不停地告诉全世界：快把钱存到我这儿吧，我会给你开很高的利息。于是，很多国家的富人就绞尽脑汁把本国货币换出。富人们想多赚利息，而美国想尽量回收、减少市面上流通的美元，以便让美元"物以稀为贵"，进而美元就会升值，美元升值后美国就可以用1美元换回来更多的石油、钢铁等商品，这种做法是让其他国家为美国老百姓的舒适生活买单。

而破解美国收割全世界的做法，就是要在他们希望美元"物以稀为贵"的时候，偏偏向市场上多投放一些美元，就是要让他们在拉高美元价格的时候多付出一些代价。

对于这种硬气的做法，俄罗斯率先点赞，俄罗斯天然气工业股份公司首次宣布：将用人民币和卢布直接结算天然气费用。

相信在不久的未来，越来越多的国家会加入人民币的阵营。

以贷转存是什么行为

绝大多数人在买房时都会向银行申请办理贷款，这时候他们最担心的就是，因为资质等问题无法贷出更多资金，从而影响自己的买房计划。但也有一部分人会担心银行给自己放贷过多，这时候有人可能会提出疑问：从银行贷款的金额不应该是越多越好吗？其实不然。

这些人之所以担心银行会超额发放贷款，主要是因为以贷转存这件事。以贷转存，是银行在发放贷款的同时，从贷款中扣下一定比例的资金，强行作为客户在银行的存款，不能自由使用。

举个例子，一个人向银行借钱买房，原本只打算借600万元，但银行给他批了800万元，而实际最后能拿出来买房子的钱只有500万元，因为剩下的300万元需要原封不动地存在银行，当作定期存款。

因为银行有绩效考核，业绩是决定工作人员有没有奖金可拿、能不能升职的一个重要指标。能否升职加薪，就是看他们每年能拉回多少存款，而利用多批贷然后转存的方式来吸纳更多存款，就是他们常用的做法。

客户本来不需要那么多钱，却因为以贷转存，不仅要背负需要支付借贷成本的一部分存款，而且还无法使用这部分存款。由此可见，以贷转存是一种变相损害借款人利益的行为，会影响市场融资的积极性。因此，中国金融市场明令禁止以贷转存，但这种现象依然存在，而且坑了很多人。

按上面的案例，借款人每年需要为那300万元的存款还房贷的利息。此外，这些违规操作的工作人员一般还会给借款人两个其他选项：

一是帮助银行消化不良资产。银行每年都会有一大笔放给企业的钱无法收回来，这笔钱叫不良贷款，而背负不良贷款的企业可以打欠条（债券），银行违规操作的工作人员就让借款人用那300万元把那些欠条买下来（自负盈亏），这样欠贷公司就可以"变相"地还上银行的钱，银行的账面就会变得好看一些。

二是购买银行发行的各种理财产品。不想走第一条路（消化银行不良资产）的借款人，往往会被赶到这第二条路上来。

当然，有一个非常好的现象是，国家对以贷转存的打击力度越来越大，很多银行因强制以贷转存而受到了惩罚。

比如，2017年2月，温州银监分局就处理了一批涉及以贷转存的银行。

平安银行温州分行因"贷款资金回流转定期存款"被罚30万元；

中国农业银行温州分行因"贷款资金转为存款"等被罚75万元；

中国邮政储蓄银行温州分行因"贷款资金转存银行存款，再质押发放贷款""以存款作为审批和发放贷款的前提条件"等被处罚70万元[①]。

…………

所以，借款人在借款时要多加注意，警惕并避免出现以贷转存现象。如果出于某种原因遇到此种情况，不要忍气吞声，要沉着冷静，仔细认真地阅读相关条款和契约细则，把握最佳维权时机，主动寻求解决途径。

---

① 2017年2月16日、17日、20日温州银监局披露的行政处罚单。

什么是远期合约

我们日常买东西都是一手交钱，一手交货，是一种即时交易。既然有即时交易，那相对应地也会有非即时交易，也就是"远期交易"，是买卖双方签订远期合约，规定在未来某一时期进行交易的一种交易方式。它的交易日期可以是一星期之后、一个月之后、三个月之后，甚至一年之后。

远期合约是买卖双方在指定的限期内按当日同意价格购买及出售资产的现货合约协议，是20世纪80年代初兴起的一种保值工具，它的交易方式非常灵活，无论是交易价格还是交割方式，买卖双方都可自行协商（具体如表7-3所示）。

举个例子，二叔以前是个农民，每年秋收的时候，他都会担心稻子价格下跌。直到有一天，城里的采购商开发出一种全新的模式，让二叔的担心减轻了许多。

这种模式只需二叔在种稻子的时候和采购商签订一个合同，约定好一个确定的稻子价格。到秋收的时候，无论市面上的稻子价格是涨或跌，二叔都能够按照合同上的价格，把稻子卖给采购商，这就是一种远期合约。

表 7-3 远期合约交易方式

交易地点	场外交易
交割方式	买卖双方自行议定标的物的交割方式、数量、品质、时间、地点
价格议定	买卖双方自行议价
合约执行方式	一般现货交割
结算方式	买卖双方直接结算
交易风险	买卖双方承担违约风险

这种远期合约设计的初衷，是为了让大家安安心心地种庄稼，无须考虑庄稼的市场价格。但是，市场上的聪明人太多，时间久了，玩法也就多了起来，各种猫腻开始出现。

比如，村子里有些聪明人发现，如果风调雨顺、谷物丰收，市场上稻子的价格一般就会比合约上约定的价格便宜。即使他们不种地，到时候去买些稻子交差，依然有的赚；如果旱涝频发、庄稼歉收，那么只要学着采购商，提前和几个邻居签上远期合约，到市场上转手一卖，也能大捞一笔。

久而久之，二叔那个村子里几乎就没有人种庄稼了，大家都开始炒作各种远期合约，有些人甚至开始借债，盲目提高合约上稻子的价格。

可是，人再聪明，也很难预测天时，所以每年都会有人猜错方向。最后，坏年景有人亏，好年景也有人亏，几年下来，村子里大大小小的庄户人家几乎都面临破产，整个村子也就慢慢变得荒凉下来。

远期合约可以让二叔不用担心稻子的价格下跌，但是它的风险也不容小觑，如果预测失误，亏损会很大。

其实，很多金融产品在设计时的初衷是很好的，但奈何它和钱离得太近，诱惑实在太大。当它逐渐和实体脱钩，慢慢地被玩成一个空中楼阁时，往往也就意味着这套系统即将成为一个巨大的陷阱。

债权人信托的作用

债权人信托是以金融企业及其他具有大金额债权的企业作为委托人，以委托人难以或无暇收回的大金额债权作为信托标的的一种信托业务。它是债务重组的一种方法，可以实现信托资产的盘活和变现，并最大限度地保值增值。

举个例子，有个泰国人靠卖海鲜赚了一大笔钱，但这个生意的风险不小，基本上要靠天吃饭。有一次，刮了一场台风，泰国人的海鲜生意受到很大影响，他变得负债累累。

海鲜生意虽不能做了，但是他还有人脉。他（委托人）去了马来西亚，在当地申请一家新能源汽车公司（项目公司），然后把这家公司的股份或其他资产全部交到一群金融才俊（受托人）（如图7-2所示）的手上，让他们帮忙打理。新能源汽车能否造出来不重要，重要的是故事一定要说得漂亮（比如车的外观、专利等），最好再吸引一两个开发商来投资。

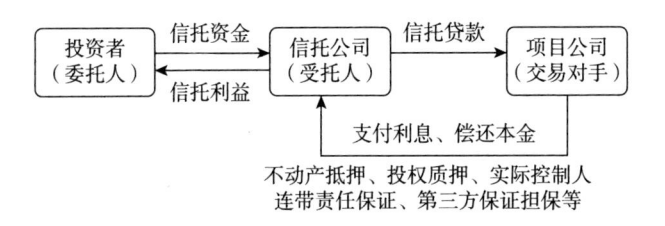

```
投资者            信托资金      信托公司       信托贷款    项目公司
（委托人）  ⇄             （受托人）    →      （交易对手）
            信托利益                
                            ↑
                      支付利息、偿还本金
                  不动产抵押、投权质押、实际控制人
                  连带责任保证、第三方保证担保等
```

图 7-2　债权人信托模型

这样一番操作之后，一文不值的新能源汽车公司很快就被包装成一个黄金万两的未来新希望。后来，这些受托的金融才俊代替他回到泰国，把他的债主们手上的债务换成了新能源汽车公司的股份，享受公司上市后的收益。

这种玩法就叫债权人信托，有些人通过债权人信托会得到喘息，有些人通过债权人信托则会继续沉沦。所以，很多东西不要看到别人在赚钱就跟在后面进场捡漏，他可能只是个"演员"而已。

滞胀现象产生的原因

在经济学中,特别是宏观经济学中,滞胀特指经济停滞、失业及通货膨胀同时持续高涨的经济现象。滞胀中的"滞"是经济停滞或者经济出现负增长或者大幅回落,"胀"是物价持续大幅上涨。所以,对于滞涨的简单理解就是经济停滞不前,物价上升。通常来说,滞涨是通货膨胀长期发展的结果。

举个例子,一个老板开了一家超市,雇了一个经理去管理海鲜柜台。海鲜柜台的生意非常好,赚到了很多钱。站在经理的角度,他可能会觉得自己的功劳很大,老板应给自己涨工资。但老板不这么想,市面上这个岗位的工资就这么高,如果这个经理因此辞职,大不了再招一个。这时候,为赚取更多的利润,老板的普遍选择都是多招员工、多进货,顺便再提价。这样就能够卖更多的货、赚更多的钱(良性通货膨胀理论)。所以,市场经常会出现这样一种情况,当物价慢慢开始上涨的时候，工作很好找，反而是物价狂跌的时候，工作越来越难找。

但是，世事难预料，总会有例外发生。如果原料成本暴增，甚至一夜之间，成本倒逼售价，疯狂上涨；或者市面上的钱太多，如超市的代金券印多了，导致卖100斤的龙虾都不如过去卖1斤的利润，根本就付不起现有员工的工资。这时，即便海鲜的价格大幅上涨，老板依旧赚不了几个钱，只能通过裁员、关门来减少损失，这种状态就叫滞胀。

在世界经济史中，20世纪70年代的美国被认为是经历了一个典型的滞胀阶段——通胀飙升、失业率高和经济活动停滞。

自1960年开始，由于经济加速全球化，很多商品在国际流动上的限制大大减少，全球市场竞争变得更加激烈，美国在全球市场上的出口贸易额逐渐下降。再加上当时美国科技的发展陷入低潮，本来对美国经济贡献巨大的战争对本国消费和经济增长的刺激也在逐渐消失。到1969年，美国开始出现经济停滞，但是当时的通货膨胀率较低，在5%左右。

为扭转这种局面，美国采用扩张性财政政策和处于转型期的货币政策，但是这些货币政策不但没有能够帮助经济增长，反而由于货币供应量过大，推高了美国的通货膨胀。由此，美国进入了长时间的滞胀阶段。

我国也短暂出现过这种状况，不过程度较轻。2010年3

月至 2011 年 9 月，我国 GDP 增速从 12.2% 下降到 9.4%，但是消费者物价指数（CPI）从 1.5% 上升到 6.1%[1]，经济增长与通胀相向而行，也是比较典型的一段类滞胀时期。

对于投资者，在滞胀阶段，能源、黄金、必需消费等是相对较好的选择，而与经济周期高度相关的周期性行业则最好远离。

[1] 数据来源：CEIC，广发证券发展研究中心。

PPP 到底是什么

PPP 是 Public-Private-Partnership 的缩写,即政府和社会资本合作模式,指政府通过特许经营权、合理定价、财政补贴等事先公开的收益约定规则,引入社会资本参与城市基础设施等公益性事业投资和运营,以利益共享和风险共担为特征,发挥双方优势,提高公共产品或服务的质量和供给效率。

很多人可能不知道,PPP 是外来的和尚,最初从国外引进此模式的目的是吸引外资。比如,政府有项目但缺钱,外资企业有钱但少项目,二者一拍即合。当然,现在的 PPP 项目,政府的合作方主要以国内企业为主。

2010 年以来,我国的 PPP 项目主要以基建、水电工程居多,比较典型的有青岛市胶州湾大桥工程、镇江市海绵城市建设项目等。

PPP 项目如果仅从概念上理解比较简单,但实际操起来相当复杂,涉及多方的利益,可能仅谈判就需要若干时日。下面以一个案例来给大家解释一下PPP项目运作的流程。

隔壁一所大学想盖一个新食堂,但手里没钱。于是,校方就面向社会公开招标,看是否有人愿意出钱,和自己一起合伙盖食堂。如果这个新食堂的造价预估为400万元,那么为了表现诚意,学校通常会先认领20%~30%的费用(超过30%一般需要申请)来做劣后资金(一种"亏钱先亏我、赚钱我最后分"的垫底钱)。

其实,这笔垫底钱无须真出,它可以被算作注册资金,然后学校再和社会合伙人,如社会投资人、资本市场中相关资本方等,合开一家壳公司(SPV,特殊目的实体)(如图7-3所示)。这家壳公司有学校作为招牌,可以很容易地向银行贷款。

这样,不但能让学校的账面上没有负债,一些民间资本也能被间接地吸引进来,甚至本来400万元预算的项目,最后能够筹到六七百万元的现金款项。

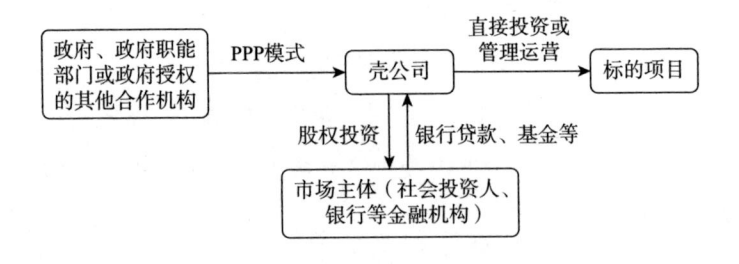

图7-3 典型的PPP运作架构

这种玩法就叫PPP。站在企业的角度来看，既然是投资，自然就有风险，如果新食堂经营效果很差，连年亏损，学校还不上怎么办？这时，壳公司的作用就显现出来了，这笔钱根本不用学校来还。盖好新食堂以后，校方一般会把食堂的特许经营权交给壳公司，承包也好，自营也罢，壳公司都拥有抽成的权利（获得利润）。

而且，一个正常的PPP项目一般会持续十年以上，这时校方往往已经靠学费赚到了钱。在这十年时间里，如果壳公司仍然无法回本，校方会自掏腰包，直接补贴当初的合伙人（需要在合作协议中提前标明）。所以，在这桩生意中，当初能够中标的基本上都是与这个项目方关系密切的人。

参考资料

[1] 板谷敏彦. 世界金融史：泡沫、战争与股票市场 [M]. 王宇新译. 北京：机械工业出版社，2018.

[2] 高德步，王珏. 世界经济史 [M]. 北京：中国人民大学出版社，2005.

[3] 理查德·邓肯. 美元危机：成因、后果及对策 [M]. 王靖国等译. 大连：东北财经大学出版社，2007.

[4] 焦扬. 黄金避险 永不过时 [N]. 中国黄金报，2022-09-27.

[5] 董依菲. 凸显避险属性 黄金长期配置价值仍存 [N]. 期货日报，2022-07-08.

[6] 高菲，顾炜宇. "一般商品 - 保值手段"双重属性视角下的国际黄金价格影响因素研究 [J]. 中国软科学，2018.

[7] 张溪琳. 商业银行外汇衍生品交易问题及对策研究 [J]. 中国市场，2022.

[8] 齐慧，李敬宇. 非银行金融机构外汇业务研究 [J]. 内蒙古统计，2022.

[9] 高珊珊. 高净值人群的财富管理需求与私人金融服务的发

展策略探析 [J]. 商业文化，2021.

[10] 陈茜，刘青青. 探寻高净值人群健康、投资状况 [J]. 商学院，2020.

[11] 周艳兵. 银行承兑汇票融资风险及其防范 [J]. 广东经济，2021.

[12] 邓涛. 进一步发挥商票在供应链中的融资支付作用 [J]. 中国银行业，2022.

[13] 方超，刘治国，乔潞，等. 基于感官定量描述分析法和 GC-MS 对山庄老酒 3 种香型白酒挥发性特征风味的分析 [J]. 食品科学，2022.

[14] 丝丝. 老酒拍卖市场热 [J]. 中国拍卖，2022.

[15] 勾满，王一斌. 当代大学生网络分期贷款消费现状及科学引导策略 [J]. 才智，2020.

[16] 李醒."互联网+"背景下的大学生分期贷款消费心理探析 [J]. 教育观察，2017.

[17] 陈旭东，林俊帆. 网络 APP 炒鞋市场洗钱风险及对策研究 [J]. 区域金融研究，2020.

[18] 李颖."炒鞋"愈演愈烈涉嫌违法 [J]. 中国质量万里行，2021.

[19] 詹晨，安仲文. 基金老鼠仓 2.0 版来了吗？行业内部敲响警钟 [N]. 证券时报，2022-08-10.

[20] 张竣烨，彭周欣，陈俊儒. 场外期权的设计、定价与风险对冲——以看跌玉米期货期权为例 [J]. 科技经济市场，2021.

[21] 黎远. 月饼经济学 [J]. 新民周刊，2013.

[22] 韩雅婷. 以风险管理视角反思雷曼兄弟破产 [J]. 时代经贸，

2022.

[23] 刘畅.为何房价在涨而房租在跌[J].理财周刊，2020.

[24] 欧阳艳艳，陈浪南，李子健.基础设施与城乡房价、房租：基于贝叶斯模型平均的微观研究[J].系统工程理论与实践，2020.

[25] 李明武，周利.国际制鞋产业转移：东南亚的崛起与中国的对策[J].皮革科学与工程，2019.

[26] 杨兴.消费、投资和出口"三驾马车"对中国GDP增长的实证研究[J].环渤海经济瞭望，2021.

[27] 宋慧中，别曼.广场协议后日本经济增长问题研究与启示——剖析日本经济低迷之谜[J].南方金融，2020.

[28] 徐辰.如何看待美联储货币政策转向——美联储紧缩货币政策的动因、路径及对控制通胀的效果[J].清华金融评论，2022.

[29] 徐惊蛰.从"准备金短缺"到"准备金盈余"——美联储货币政策操作框架转型及展望[J].债券，2022.

[30] 易宇寰，潘敏.美联储加息冲击下中国双支柱调控政策的协调研究——基于"稳增长"与"防风险"的视角[J].财贸经济，2022.

[31] 陈妍妍.美联储加息对人民币利率和汇率的影响[J].北京：现代商业，2022.

[32] 路先锋，张明.美联储加息：历史周期、内外影响和经验启示[J].金融市场研究，2022.

[33] 何青，余吉双.美国加息对金融市场的影响及我国的对策[J].新金融，2022.

[34] 李董林，李春顶，蔡礼辉.俄乌冲突局势下中东和非洲的粮

食安全问题：特征、影响和治理路径 [J]. 中国农业大学学报，2022.

[35] 展衍振. 论农业发展新阶段的粮食安全问题 [J]. 农业灾害研究，2021.

[36] 刘艳. 促进留学科技人才充分发挥作用的思考 [J]. 云南科技管理，2022.

[37] 杨冬妮. 数说2021，留学行业年度报告盘点 [J]. 留学，2021.

[38] 宋海佳，郭睿. 用"干股"留住"骨干"：有限公司股权激励风险与控制 [J]. 华东科技，2012.

[39] 阮征，陈永. 我国上市公司股票期权激励问题研究 [J]. 中国市场，2022.

[40] 段梦玥，赵庆建. 我国上市公司股票期权激励的信息披露研究 [J]. 中国林业经济，2021.

[41] 唐昭霞. 金融业竞争对金融企业经营效率的影响 [J]. 统计与决策，2019.

[42] 杨刚，王健权. 加薪价值观对员工突破性创新行为的链式影响机制研究 [J]. 软科学，2022.

[43] 曹吉祥. 是否实行"密薪制"需根据企业性质而定 [J]. 班组天地，2021.

[44] 马妮. "90后"新生代员工离职问题研究 [J]. 经济研究导刊，2021.

[45] 罗奕涵. "996"工作制存在的问题及改善的对策 [J]. 企业文化，2019.

[46] 周闯. 农民工的工作稳定性与永久迁移意愿 [J]. 人口与发展，2022.

[47] 曹家宁."一带一路"与新型城镇化双重背景下西部地区新生代农民工就近城镇化探讨[J].西部学刊,2019.

[48] 朱凯.沪市多家房企启动供应链ABS发行[N].证券时报,2021-12-08.

[49] 杨丹.房产企业供应链金融ABS常用的业务模式及风险管理[J].财经界,2020.

[50] 李光林.公司注册资本认缴制与国有股权管理研究[J].国有资产管理,2022.

[51] 耿玉娟,吕志萱.房地产企业破产重整"府院联动"机制研究[J].经济师,2022.

[52] 邹玉玲,金子文.贾跃亭申请个人破产重组引关注,个人破产制度是福音还是灾难?[N].北京日报,2019-10-23.

[53] 杨阳.基于SCP范式的现制茶饮行业竞争策略比较分析——以喜茶和奈雪的茶为例[J].全国流通经济,2022.

[54] 提瑞芳.房地产物业服务市场化研究[J].房地产世界,2022.

[55] 李雪花.物业公司选择会计管理模式的探索[J].环渤海经济瞭望,2022.

[56] 林馨怡.房地产企业高负债经营的财务风险与管控措施研究[J].企业改革与管理,2022.

[57] 胡嘉琦,朱耘."三条红线"倒逼房企进入"严管负债期"[J].商学院,2020.

[58] 邱石,康萌越,张昕嫱,等.探寻德国"隐形冠军"成长之路[J].中国工业和信息化,2021.

[59] 巫锐. 德国教育法体系的整合机制及其启示 [J]. 湖南师范大学教育科学学报，2022.

[60] 谢纯雅，张恩忠，孙文文. 随机立减策略对购买意愿的影响：锚定效应与价格公平感知的作用 [J]. 外国经济与管理，2022.

[61] 尹宗义. 绿色低碳背景下"双积分政策"对新能源汽车行业的影响分析 [J]. 汽车与新动力，2022.

[62] 卢超，王倩倩，陈强. "双积分"政策下考虑燃油车减排的汽车制造商价格博弈研究 [J]. 运筹与管理，2022.

[63] 王希岩，陈建明，叶毅，等. 中国房价合理性分析 [J]. 中国房地产，2022.

[64] 陈扬. 在建工程抵押制度研究 [J]. 西安建筑科技大学学报（社会科学版），2020.

[65] 袁昊. 论"以房养老"中的老年人保护——以反向抵押为切入 [J]. 河南财经政法大学学报，2021.

[66] 刘天奇. 以房养老保险业务实践中难题与建议 [J]. 新理财，2021.

[67] 李娜. 混合共同担保人之间追偿权的行使困境及其破解——基于《民法典担保制度解释》第13条的反思 [J]. 湖湘论坛，2022.

[68] 姜少妍. 我国商业银行抵押贷款运行机制存在的问题与对策 [J]. 工程经济，2022.

[69] 刘洋. 烂尾楼强行断供的风险承担与预防 [J]. 城市开发，2022.

[70] 申媛媛. 中央银行降息降准政策对房地产股价影响的效应研究 [J]. 现代营销（下旬刊），2022.

[71] 周雪松. 降准应对"三重压力"挑战 宽信用有利于楼市恢复 [N]. 中国经济时报, 2022-11-29.

[72] 焦富民. 我国《民法典》居住权设立规则的解释与适用 [J]. 政治与法律, 2022.

[73] 李凤章. 解释论视角下"固定期限买断型"居住权的转让和继承 [J]. 理论探索, 2022.

[74] 杨秀琴. 我国农村宅基地管理机制的创新路径 [J]. 农业开发与装备, 2022.

[75] 刘洋坪. 基于乡村振兴战略对闲置宅基地的多元盘活利用问题研究 [J]. 山西农经, 2022.

[76] 徐蕴纯. 小区人防车位的产权归属纠纷对策研究 [J]. 传播与版权, 2020.

[77] 袁帅. 新加坡"居者有其屋"的启示 [J]. 小康, 2021.

[78] 肖娜. 新时期保障性住房建设与管理问题及解决策略 [J]. 中国市场, 2022.

[79] 李华. 推力还是拉力?——保障性住房对流动人口城市定居意愿的影响研究 [J]. 统计与管理, 2021.

[80] 魏凯文, 李明辉. 中介合同中"跳单"行为的法律经济学分析 [J]. 学理论, 2022.

[81] 徐思超, 朱道林, 李晓亮, 等. 城市商品房库存界定及其去化周期研究——以长三角城市为例 [J]. 中国国土资源经济, 2017.

[82] 吕晨曦, 戴俊杰. 不动产消费中居民杠杆情况研究 [J]. 中国商论, 2020.

[83] 叶金生, 高臻, 刘祥龙. 二手房"带押过户"交易法律问

题研究 [J]. 浙江金融，2022.

[84] 罗克研. 房产交易的"硬核"二手房市场资金风险与监管问题调查 [J]. 中国质量万里行，2020.

[85] 张韬. 二手房交易过程中的若干法律风险防范 [J]. 法制博览，2018.

[86] 贾丽，胡飞. 规避二手房市场交易风险的对策建议 [J]. 上海房地，2020.

[87] 马晓飞，郁银泉，王喆，等. 装配式钢结构高层住宅全寿命周期经济成本研究 [J]. 工程经济，2021.

[88] 潘凌锐. 美国南北战争中的假币风波 [J]. 金融博览（财富），2020.

[89] 左俊美，徐勇.《民法典》中关于住房继承权的思考 [J]. 中国房地产，2022.

[90] 胡晓晖. 涉及非商品房性质不动产的继承权法律意见书——公证案例分析 [J]. 中国公证，2022.

[91] 熊小琼. 浅析继父母子女之间的法定继承权 [J]. 广东开放大学学报，2022.

[92] 曾婷婷. 商业信用与企业坏账损失之间的关系——基于企业所有权的差异化视角 [J]. 中国市场，2022.

[93] 周媛媛. 论预付账款计提坏账准备的必要性 [J]. 中国中小企业，2021.

[94] 杨飘. 浅谈我国农村地区储蓄国债市场的发展状况 [J]. 农村经济与科技，2022.

[95] 李媛. 浅谈国债利率倒挂现象 [J]. 今日财富（中国知识产

权），2020.

[96] 魏海滨，王丝雨.利率倒挂的相关影响[J].中国金融，2017.

[97] 李雪婵，张东朔，何星星.美国债利率倒挂或为经济衰退指标[J].当代金融家，2020.

[98] 吴建华.公证制度对夫妻财产协议的作用研究[J].法制博览，2022.

[99] 李潇晓，金一虹，叶宸辰.房产证上的夫妻权力博弈——制度变迁、相对资源与中国城镇夫妻权力的平等化趋势[J].南京邮电大学学报（社会科学版），2019.

[100] 陈玲.国漫品牌化传播研究——以上海美术电影制片厂为例[J].中华文化与传播研究，2020.

[101] 刘濡.全国消协公布2022年上半年受理投诉情况 投诉案例有四大热点 医美安全引人关注[J].产品可靠性报告，2022.

[102] 维辰.医美行业亟待"去伪存真"[J].大众投资指南，2022.

[103] 古广东，李慧.央行数字人民币在"一带一路"区域化过程中的博弈分析[J].南京审计大学学报，2022.

[104] 陈红宇，万睿鏊.SWIFT制裁下数字人民币跨境支付体系建设[J].商业经济，2022.

[105] 赵雪情，刘玥君.全球跨境支付体系下SWIFT的功能定位与大国博弈[J].中国货币市场，2022.

[106] 罗逸琳，罗昊，黄静，等.流水线式相亲：微信相亲平台中的择偶观念与社会交往研究[J].传媒观察，2022.

[107] 杜清月，黄晓雯，桑基韬.基于帕累托效应视角下的推荐系统多角度公平性[J].太原理工大学学报，2022.

[108] 赵超凡，陈树俊，李文兵，等.预制菜产业发展问题分析[J].现代食品科技，2023.

[109] 李隽瑶.预制菜产业经济发展研究——以广东地区为例[J].商业观察，2022.

[110] 李新宜.大数据背景下的差别定价分析[J].经营与管理，2021.

[111] 阳雪雅.网络差别定价的类判与规制[J].东岳论丛，2022.

[112] 王美云，苏永华.大数据杀熟对顾客公民行为的影响——以在线旅游消费为例[J].企业经济，2023.

[113] 郑丽英.基于企业价值的现金流管理研究[J].老字号品牌营销，2022.

[114] 曲智，朱尚，杨茹.海南离岛免税政策的问题研究与对策分析[J].济南职业学院学报，2020.

[115] 高原，杨贺钧，郭凯军，等.考虑负荷季节特性的电价型需求响应最优定价策略[J].电力建设，2023.

[116] 刘永丽，唐涵，孙超凡.北交所对"专精特新"企业的融资支持路径研究[J].财政监督，2022.

[117] 翁富.逼空行情下的选股思路[J].股市动态分析，2019.

[118] 徐超."逼空"背后是草根对华尔街的怒火[N].新华每日电讯，2021-02-01.

[119] 徐博治，刘鹏扬，汪泽昕，等.论企业成长性的市盈率、市净率和市售率股票（股权）估值方法[J].中国市场，2022.

[120] 刘丽丽.市盈率、扣净市盈率与股票投资风险——基于中国 A 股上市公司的经验数据[J].企业科技与发展，2021.

[121] 吴安龙.工程项目融资中等额本息与等额本金选择机制研究[J].科技资讯，2021.

[122] 禹志明，张欣，张昊彬.疫情影响下个人按揭还款方式研究[J].北方金融，2021.

[123] 方良杰.民营企业借壳上市风险控制分析[J].中国市场，2022.

[124] 王峰.流押、流质条款无效的法律后果[J].法制博览，2021.

[125] 黄家镇.论《民法典》流押规定的解释适用[J].甘肃政法大学学报，2021.

[126] 吕昊旻.美联储缩表的影响与应对[J].中国金融，2022.

[127] 姜晶晶.美联储加息与缩表进程对我国的影响及应对[J].金融会计，2022.

[128] 蒋沐淋.信任的危机：后真相时代与塔西陀陷阱[J].记者观察，2019.

[129] 涂永红.外汇降准利于稳市场预期[J].上海企业，2022.

[130] 钮文新.A股市场该如何理解外汇存款降准？坚持金融为实体经济服务[J].中国经济周刊，2022.

[131] 朱波.基于远期合约对冲外币汇率风险的会计处理探讨[J].财会通讯，2023.

[132] 金晓文.滥用信托脱产行为的可行性规制路径探究[J].经济问题，2021.

[133] 葛倍瑞.僵尸企业债务重组效应及传导机制研究[J].山西财政税务专科学校学报，2022.

[134] 卢锋，李昕，李双双，任慧.美欧及全球滞胀：历史经

验与现实风险[J].清华金融评论,2022.

[135] 李冠新.PPP项目政府特许经营争议的解决机制研究[J].财政科学,2022.

[136] 苑丁杰,王利,罗丽苹.基于外部性理论的民营企业参与PPP项目的行为博弈研究[J].安徽建筑,2022.

[137] 张云云.高校PPP融资模式应用研究[J].现代审计与会计,2022.

© 民主与建设出版社，2023

图书在版编目（CIP）数据

聪明生活经济学：开启赚钱和省钱的幸福生活 / 何青绫著. -- 北京：民主与建设出版社, 2023.6
　　ISBN 978-7-5139-4335-2

　　Ⅰ.①聪… Ⅱ.①何… Ⅲ.①经济学—通俗读物 Ⅳ.①F0-49

中国国家版本馆CIP数据核字（2023）第163277号

聪明生活经济学：开启赚钱和省钱的幸福生活
CONGMING SHENGHUO JINGJIXUE KAIQI ZHUANQIAN HE SHENGQIAN DE XINGFU SHENGHUO

著　　者	何青绫
责任编辑	程　旭
出版发行	民主与建设出版社有限责任公司
电　　话	（010）59417747　59419778
社　　址	北京市海淀区西三环中路10号望海楼E座7层
邮　　编	100142
印　　刷	三河市冀华印务有限公司
版　　次	2023年6月第1版
印　　次	2024年1月第1次印刷
开　　本	880mm×1230mm　1/32
印　　张	9.5
字　　数	174千字
书　　号	ISBN 978-7-5139-4335-2
定　　价	68.00元

注：如有印、装质量问题，请与出版社联系。